幽默雅士
林语堂

武彬◎著

远方出版社

图书在版编目（CIP）数据

　　幽默雅士林语堂 / 武彬著． -- 呼和浩特 ：远方出
版社，2018.10
　　ISBN 978-7-5555-1186-1

　　Ⅰ．①幽… Ⅱ．①武… Ⅲ．①林语堂（1895-1976）
—传记 Ⅳ．① K825.6

　　中国版本图书馆 CIP 数据核字（2018）第 234296

幽默雅士林语堂
YOUMO YASHI LIN YUTANG

作　　者	武　彬
责任编辑	孟繁龙
责任校对	秋　生
封面设计	一个人·设计
版式设计	武彩君
出版发行	远方出版社
社　　址	呼和浩特市乌兰察布东路 666 号　邮编 010010
电　　话	（0471）2236473 总编室　2236460 发行部
经　　销	新华书店
印　　刷	北京兰星球彩色印刷有限公司
开　　本	170mm×240mm　1/16
字　　数	180 千字
印　　张	15
版　　次	2018 年 10 月第 1 版
印　　次	2019 年 4 月第 1 次印刷
印　　数	1—10 000 册
标准书号	ISBN 978-7-5555-1186-1
定　　价	39.80 元

序

他曾经与著名学者梁实秋、吴宓一起在著名的哈佛大学求学。

他是世界文坛著名的"幽默大师"。

他的作品至今依然被摆在很多读者的书架上，他曾经和诺贝尔文学奖只有半步之遥……

和他见过面的人都说，他身上有一股浓浓的文人气质。和其他学者一样，他在民国时期的北平也写过很多抨击时政的文章。他的妻子为此有些担心，就劝他："好好教书做学问，少管闲事。"他却说："学者自然要有学者的尊严。"他用实际行动来反对"倚门卖笑，双方讨好"的"和事佬"学者作风。

著名作家郁达夫曾经这样评价他：

"……他的文章，虽说是模仿语录的体裁，但奔放处，也赶得上那位疯狂的超人尼采。唯其憨直，唯其浑朴，所以容易上人家的当；我只希望他勇往直前，勉为中国 20 世纪的拉勃莱……"

他，就是中国近现代著名作家、学者林语堂。

对于他，世界以及中国近现代文学界都有着极高的评价——

林语堂和胡适曾经一起被美国文坛称为"20世纪智能人物"。

林语堂曾被西方很多国家评价为除孔子之外另一位最广为西方人认识的中国文人。

日本的《每日新闻》曾经说过这样一句话："在外国人了解中国以及中国文化方面，林语堂所作的贡献已经超越了十名大使的价值。"

据说，著名记者斯诺在1936年5月拜访鲁迅时，请鲁迅写出中国当时最好的五名杂文大家。鲁迅马上写出了林语堂的名字，并且位置排在自己前面，足见林语堂在鲁迅先生心目中以及当时文学界举足轻重的位置。需要指出的是，当时林语堂和鲁迅的关系已经非常微妙了。

和中文一样，林语堂的英文水平同样很高，他的很多文学作品是用英文写成的。为此，有人这样评价林语堂：中文好到让人无法翻译成英文，英文好到让人无法翻译成中文。

林语堂去世后，美国的《纽约时报》这样评价他："林博士用其渊博的西方知识来引导他的国家和人民的传统观念进入现代化。"

林语堂去世十三年后即1989年，美国总统布什有一次在美国国会上这样说："林语堂的作品所反映的中国文化观点，至今仍在影响着美国政府对中国的一些决策。"

林语堂曾经评价自己"两脚踏东西文化，一心评宇宙文章"，他不只在文化方面的贡献让人瞠目，还令人发明了中文打字机，并为此付出了巨大的代价……

本书引领你走近生活中的林语堂，了解他不同凡响的人生。

目录 CONTENTS

第一章

从山村走出去

父亲在苦难中挺起脊梁

　　林语堂祖籍福建漳州，他的祖父曾经在漳州北郊五里沙村务农。1864 年，太平天国的战火烧到了这里，林语堂的祖父就被抓去当了随军挑夫，从此音信皆无，不知所终。当时，刚刚九岁的林语堂的父亲林至诚因为藏身在床底下才得以幸免，从此生活步入无所依靠的日子。林语堂的祖母尽管是一位普通的农村妇女，但练过武功，臂力过人。据说，她曾经手持一条扁担赶走了十几个土匪小混混，足见其女中豪杰的本色。

　　在当时纷乱的年代，会武功的这位妇女带着两个儿子和一个女儿同样难以维持生计。林语堂的祖母为了让三个孩子生存下去，无奈之下将小儿子送给一个吕姓医生（林语堂的这位叔叔后来中了举人），自己带着女儿（林语堂的这位姑母的儿子后来成为江苏有名的学者）改嫁给姓卢的人，稍微大一些、勉强能够自己混饭吃的林至诚就留在漳州五里沙村一人生活。林语堂的祖母这样做，也是被当时的生存环境所迫，毕竟，孩子需要有活路才可以生存，唯有生存下去才能为林家保存根基。

　　或许是因为一个十几岁的小伙子生存不容易的原因，独自留在漳州五里沙村的林至诚自力更生，天性好强，平时以务农为主，闲暇之时也做一些小生意，以维持生计。根据林语堂的回忆，父亲林至诚除了在田间劳作之外，还在山里砍柴或者挖取山笋，然后挑到大街上去卖，也曾做卖蔗糖给囚犯的生意，这种"一人打几份工"的工作方式让林至诚在经济收入方面多于周围人。林至诚还时常将五里沙村的竹子挑到漳州去卖。因为路途遥远，长时间肩挑担压，让林至诚的肩膀上出现了一道凹槽痕迹，并一直陪伴他终生。林语堂的女儿林太乙在《林语堂传》中这样描述自己的爷爷：

　　由于常年扁担不离肩，林至诚的肩上磨出了肉瘤，但他不仅不觉得丢人，反而觉得很自豪。他把当小贩的经历编成有趣的故事讲给小和乐听。林至诚告诉儿子，人只要有轻松、宽容的态度，就没有过不去的坎。

　　林至诚这种看淡人生磨难的乐观态度为自己后来的人生转折做好了铺垫，也为林家后来人才辈出打下了良好基础。林至诚将乐观面对人生的宝贵精神财富在无形之中传递给了下一代，也为林语堂的兄弟姊妹将来学业有成做好了心理上的准备。

　　在这种良好心理状态下，林至诚肯定会将坎坷的人生路段坦然踩在脚下，而人生宽阔而又平坦的康庄大路就近在咫尺了。

　　林至诚的人生转机终于来了——

　　那段时期，已经在中国沿海一带传播的基督教传到了福建南部厦门、漳州一带，林语堂的祖母就是早期的教徒之一。或许是受到了母亲的言辞感染，也可能感觉长期在民间劳作看不到人生出路，林至诚加入了基督教会组织。尽管没有进过学堂私塾，但林至诚凭借自己天资聪慧且勤奋好学，居然无师自通学会了认字识文，这对林至诚在基督教会的下一步发展起到了关键性作用。毕竟，在 19 世纪末期的中国乡下，能够"识文断字"的年轻人不多，即便有，这些"书生"也都"满脑子"想着去考取功名，梦想着有朝一日能做官，根本不会去加入什么洋人的教会组织，因为当时中国官方在慈禧太后的影响下，都对洋人有一种莫名其妙的敌视心理。在这种情况下，有一定文化基础的林至诚在基督教会就遇到了良好的发展机遇。

二十四岁那年，林至诚被基督教组织委派进入神学院培训深造，结业后成为基督教牧师，随后被派往厦门和漳州一些地方传教。踏实努力的林至诚为基督教在当地的传播做出了贡献。这件事，在 1924 年出版的《中华基督教年鉴》中有记录：

> 闽南基督教会牧师林至诚自幼随母皈主，长肄业教会学校，养成传道资格，林公品行方正，才学兼优，深蒙故老牧师塔马字博士青睐，学成出膺传道，授任同安堂会牧师，教会整理，日渐发达，旋因宝鼎乏人，恳切敦聘爰就宝鼎堂会牧职。教治殷勤，阖会爱戴。

从上面的文字记录可以看出，林至诚在中国基督教会的发展业绩比较突出，并且深得基督教会的器重和教民的爱戴。

1880 年，年仅二十五岁的林至诚来到平和县坂仔村担任堂会会长，从此和坂仔村结下不解之缘，事业有所成就并且孤身一人的他也在这里安了家。林至诚是基督教牧师，而基督教的后台是洋人，清朝的官府深受鸦片战争的影响，对洋人颇具畏惧心理，所以，林至诚在坂仔村有一定的政治地位。

平和县自古以来属于豪杰辈出的地方，从明朝的詹师富、赖继瑾，到清朝的林爽文，都是劫富济贫的农民起义者，他们的英雄事迹都在平和县一代广为流传。这些英雄豪气也许感染了同样是农民出身的基督教牧师林至诚，他非常同情当地的贫苦人，时常穿着宽大的牧师袍子在十里八乡转悠，遇到不平的事马上就会拔刀相助。

有一次，当地的一个老汉背着一捆柴走了二十里的山路来到集市上，卖了二百个铜板。当地收税人发现老汉，要强行收取老汉一百二十个铜板的税。当过挑夫的林至诚深知老汉的不易，就站出来为老汉抱打不平，和收税官吏吵了起来。

"这位大爷背一捆柴走二十里的山路，到集上就卖了二百个钱，你要收大爷一百二十钱的税，乡亲们说这么做合适吗？这样收税老百姓还有活路吗？"

读过书的林至诚讲得头头是道，再加上他身上的牧师袍子和平日里的威望，最终让收税官吏低下了头，少收了老汉一部分钱。

或许是受了林至诚的感染，林语堂的母亲和周围乡邻相处得也非常融洽。在《林语堂自传》里，林语堂这样描述自己的母亲：

我的母亲也是一个最简朴不过的妇人，她虽然因是牧师的妻子而在村里有很高的地位。可是她绝不晓得摆架子是怎么一回事的。她常常同农人和樵夫们极开心地谈话。这也是我父亲的习惯。他们两口子常常邀请他们到家里喝茶，或吃中饭，我们相处都是根据极为友善的和完全平等的原则。

凭借自己的身份和才能，林至诚在坂仔村渐渐有了自己的事业，也有了自己的家室。不过，从林至诚家里的装饰和布局来看，林至诚的思想具备中国传统文化与西方现代文化双重因素，中国传统的文化思想里渗透着西方现代文化。

　　根据林语堂的女儿林太乙的回忆，林家客厅的墙上挂着光绪皇帝的画像，而旁边则是一幅宣传画，画上是一个漂亮的西方姑娘笑容满面地双手捧着一草帽鸡蛋。桌子上有林至诚每日需要读的《圣经》，可《圣经》下面就是《论语》《孟子》。这就是林至诚，传统观念中渗透着西方现代理念，将当时人们难以接受的西方文化理念与传统思想揉和在了一起。林太乙在《林语堂传》里面记录了一件事，从中可以洞察当时林至诚将东西方文化信仰综合利用的情景。当时，一名教友的孩子不小心掉进了茅厕。按照中国农村的传统说法，茅厕是非常污浊的地方，需要请得道高僧来化解一下，方能让孩子永保平安健康。这位教友为了化解孩子带来的晦气就找到牧师林至诚，林至诚非常严肃地换上牧师大袍，然后一本正经地为孩子换下衣服，并且口中还念念有词。旁边的牧师太太赶紧煮上一碗汤面条，林至诚非常庄重地端给孩子……

　　从这件事上，可以领略到林至诚对基督教忠诚的同时，也将其和中国传统的观念习俗结合在一起。林至诚凭借对东西方文化观念的简单理解和巧妙运用，在坂仔村十里八乡树立起中西合璧的思想高塔。就在这段时期，也就是清光绪二十一年即 1895 年 10 月 10 日这个值得纪念的日子，林语堂出生了。

　　前些日子，林至诚因为外出去传教不小心患了感冒，还比较严重。身体棒棒的他没有将这点小病放在心上，结果感冒转成了肺炎。恰恰就在这个时候，林语堂要出生了。病重的林至诚无法去请接生婆，好在已经生过几个孩子的母亲在这方面颇有经验，结果林至诚的第五个儿子就顺利出生了。

　　林至诚希望林语堂一生都快快乐乐的，于是就给林语堂起名和乐，又名玉堂。或许是父子之间的亲情感应，林语堂一生都追求快乐的生活。

　　林至诚非常疼爱这个小儿子。每次传教回到家里，妻子都会端出一碗猪肝面。善良的妻子心疼在外面为一家人生活奔波的林至诚，就想办法给丈夫补身子。每到这时，林至诚吃几口之后就会把饭碗递给小和乐，而小和乐也能理解父亲的辛苦和疼爱之意，自己吃不了几口就会赶紧把猪肝面递给父亲……父子连心，情意浓浓，都包含在一碗碗的猪肝面里面。许多年之后，学业有成的林语堂在自己的文章里还时时用文字穿越时空，去回忆曾经在父子之间相互传递的一碗碗猪肝面的香味。

　　小和乐时常跟在父亲屁股后面，跟随父亲走遍了平和县的村村落落、山山水水。平和县秀美的山水、淳朴的民风民情给小和乐留下了深刻印象。学业有成之后，林语堂在文学创作中，依然对平和县美丽的自然风光念念不忘，闽南风情成为他文学创作的源头之一，让足迹踏遍世界的林语堂时刻对闽南念念不忘。

　　父亲传教时，小和乐就在一旁细心聆听。林至诚流利而幽默的闽南话亲切生动，深受当地教民和老百姓的欢迎，也给小和乐留下了深刻印象。在《林语堂自传》里，林语堂这样描述父亲的传教生活：

　　我不相信我父亲所传给那些农民的基督教和他们男男女女一向所信奉的佛教有什么分别，我不知道他的神学立场究竟怎样，但是他的一片诚心，确无问题——只须听听他晚上祷告的声音言辞便可信了。然而也许连他自己也不知道他是为情势所逼，要宣传独一种的宗教而为农民所能明白的。这位基督教的上帝，犹如随便哪一所寺庙中的佛爷，可以治病、赐福，而尤为重要的乃是可以赐给人家许多男孩的。他常对教友们指出好些基督徒虽受人逼害，但结果是财运亨通而且子媳繁多的。

　　林至诚谈吐幽默，胸襟宽阔，在街面上非常有人缘，很得周围乡里乡亲的爱戴，他的传道布教工作也得到了很好的开展。后来，在林至诚的努力下，基督教会在坂仔村修建了一座大教堂。这座西式建筑在中国传统的小山村里不但特别显眼，而且做礼拜时声震四方的大钟响声尤其让周围乡邻们感到震撼，让本来对林至诚的西方基督教会有成见的传统守旧乡绅坐不住了。乡绅们商量一下，就合伙筹集钱款在教堂附近修建了一座寺庙，还挂了大鼓，聘请一个秀才来敲鼓，以此来对付新教堂的大钟。这么一来，坂仔村每天钟鼓齐鸣，乡亲们都看在眼里，都清楚这场戏的内容。为了对付寺庙的大鼓，小和乐兄弟几个就商议来了个"车轮战术"，轮番上阵，终于把秀才累得爬不起来了。后来，喜欢抽鸦片的秀才为了筹集钱财卖掉了大鼓，坂仔村就只剩下了新教堂的钟声。如今，那口大钟依旧挂在福建省平和县坂仔村，似乎向世人诉说着昔日林语堂家里的故事点滴，透过那口大钟，人们似乎还能领略到昔日林至诚牧师的风采。

"钟鼓之争"过去后，还发生了一件事，让小和乐对西方的科学文化产生了极大的兴趣。当时，坂仔村的新教堂因为过于宽大出现了倾斜，引起了漳州基督教会的深切关注，就派英国传教士范礼文来处理这件事。这个"红发碧眼的洋鬼子"来到坂仔村引起了轰动，也引起了小和乐的注意。范礼文带来很多人，还有钢筋和工具设备，这类东西都是小和乐之前在小山村里从来没有见过的。"这些钢条用一只大钉固定在中间，那只大钉可以把钢条旋转到所需的适当长度。它们连接在支持屋顶的木条上，螺旋钉一扭紧，钢条把木条牵拉在一块儿……"小和乐通过耳闻目睹领略了外国科学的超凡能力，在他幼小的心灵里产生很大的震撼，也树立了长大后学习西方先进文化科技的理想。在《林语堂自传·我的信仰》里，林语堂这样描述自己首次接触西方文化：

　　我最先和西方接触是在一对传教士住在我们家访问的时候。他们留下了一个沙丁鱼罐头及衬衣领子的一粒钮扣，中间有一颗闪亮的镀金珠。我常觉得它很奇怪，不知道是做什么用的。他们走了以后，屋子内到处仍充满了牛油味，姐姐强迫把窗子打开，让风把它吹走。我和英文书本的第一次接触，是一本不知谁丢在我家的美国妇女杂志，可能是 Ladies Homejournal（《妇女家庭》杂志）。

　　在家里，林至诚同样时时脸上挂着笑容，有时候还在孩子们面前和太太一起做饭，这与当时的清朝晚期社会里一个有牧师身份的人是格格不入的。林至诚从来不会用那些传统礼节和道德理念来压迫家人，他将民主、平等等一些现代社会理念于无形之中传递给了包括小和乐在内的下一代，像朋友、领路人和启蒙老师一样为孩子们将来在现代学业道路上的辉煌打下了坚实的思想基础。除此之外，林至诚还将自己在教会听说的西方著名的牛津大学、柏林大学说给孩子们听，鼓励孩子们好好学习，将来学习西方现代文化。小和乐记在心里，思想就飞向了遥远的地方。林语堂之所以在后来的学业道路能"两脚踏东西文化"，父亲林至诚的引领至关重要。

　　事实证明，林至诚的家庭教育是成功的。在他的教导下，孩子们在未来都学业有成：林语堂的大哥林景良，曾经在厦门救世医院医科学校毕业，先在福建鼓浪屿荣华中学担任国文教师，后来到厦门大学国学院任编辑，中年时期带领一家人迁回漳州开设"保元大药房"，利用自己所学的医术一心为群众施诊看病；二哥林玉霖，曾经在上海圣约翰大学学习，后来赴英国剑桥大学留学深造，学业有成后归国返母校上海圣约翰大学任教，抗战胜利后回到福建厦门大学西文系担任教授；三哥林憾庐也在上海圣约翰大学学习，在文学方面颇有建树，曾经担任上海《宇宙风》杂志编辑，抗战期间和杂志编辑部迁到广西桂林；六弟林幽也一直活跃在上海文化界……到了林语堂的子侄这一代，在学业上有建树的更是比比皆是：深得林语堂喜爱的林惠元思想进步，因为传播反帝抗日救国思想被诬陷为"通匪"的罪名，其死让当时的著名爱国人士蔡元培、柳亚子、鲁迅等人联名发表了《为林惠元惨案平冤宣言》，足见其在文化界的影响；林宝泉，曾经担任厦门大学外文系主任、教授，为中国读者翻译了美国作家海明威的作品《永别了，武器》等；侄孙女林梦海也担任了厦门大学化学系教授……林语堂的三个女儿更是成就非凡，大女儿林如斯和二女儿林太乙在文学方面都颇有建树，三女儿林相如获得美国哈佛大学生物化学博士学位，后来在香港中文大学担任生物化学系主任……

纵观林语堂一家人的发展，人才辈出，根本原因和林至诚"自学成才"当牧师接受西方文化思想是分不开的。可以说，正是因为林至诚接受西方文化，并将这种中西合璧的现代文化思想扎根于家族理念中，进而改变了家族文化的发展方向，将一个传统的小山村农民家庭发展成为了一个充满现代文化氛围、遍及祖国大江南北乃至世界各地的大家族。

也正是在这种文化氛围下，小和乐即将变成林语堂。

少年求学

小和乐到了学龄后，父亲林至诚利用自己并不充裕的文化知识来启蒙孩子们的文化课。在《林语堂自传》里，林语堂这样描述父亲：

我们家里有一眼井，屋后有一个菜园，每天早晨八时，父亲必摇铃召集儿女们于此，各人派定古诗诵读，父亲自为教师。

林至诚这种家庭私塾式教育是成功的，原因在于林至诚民主、自由、开放式的教育管理。在学业上，林至诚除了让孩子们学习传统的四书五经之外，还鼓励孩子们阅读一些西方文学名著，比如《福尔摩斯探案集》等，孩子们读得不亦乐乎。尤其是小和乐，不仅迷恋阅读，还将一些故事添油加醋地讲一讲，必要时自己也会将故事中的情节或者人物改编一下。不用说，听众自然是母亲了。

在这种家庭式的教育下，小和乐不仅在传统文化方面有所发展，而且还树立了将来当作家的远大理想。阅读小说，并且自己不断添油加醋地将其中的故事情节"改编"，这无形之中锻炼了小和乐的语言表达能力和想象能力，为后来的文学创作打下了坚实的基础。

在家庭私塾学习的这段时间需要提及一个人，她就是小和乐的二姐美宫。林至诚家里孩子多，太太一个人照管不过来，就将最小的孩子小和乐分派给二女儿管教。这么一来，二姐美宫就和小和乐拉近了距离。小和乐有时候淘气且顽皮，"美艳如桃，快乐似雀"的二姐美宫就想办法管教，让他听话，姐弟俩在这段时光里充满了甜蜜。聪明伶俐的二姐美宫是小和乐学习上的好伙伴，也是他生活中的良师益友。

林至诚教育孩子的方法非常超前，这一点可以从他给孩子安排的课程作业看出来。一般情况下，孩子们除了完成林至诚布置的文化功课作业之外，每人还要分担一些家务劳动作业：女孩子主要分担洗衣做饭、缝缝补补之类的家务，男孩子则需要挑水扫地和管理菜园子，无意之中实施了现代教育文化学习课中附加劳动课的动手动脑教育方法。孩子们通过自己的劳动，不仅增强了责任感，也可以让学习生活变得丰富多彩，更能从劳动中学习到课本中学不到的知识。

林至诚的这种教育方法为小和乐后来的学业学习做好了铺垫。后来，小和乐来到教会的正式学堂之后才知道父亲的那种超前教育方法的好处。

基督教在中国传播的同时，也将现代西方文化理念传播到了中国，其中也包括先进的西方教育。就在小和乐长到九岁即 1904 年的时候，在林至诚的筹划下，向来崇尚建医院、办学校的基督教在坂仔村建成了一座基督教堂，还借此机会在旁边修建了一座现代化新式小学校即铭新小学，林至诚毛遂自荐担任小学校的教师。当时，正在学龄阶段的小和乐兄弟三个就进入了正式学校。

思想开放且具备远大目光的林至诚深知自己"肚子里有几碗干饭"，也清楚这所封闭性山村小学的师资力量。一心准备让孩子们学业有成的林至诚在孩子们进入铭新小学一年之后的 1905 年，下决心送三个孩子到鼓浪屿的教会学校去学习，女儿美宫则去了毓德女校学习。

1905 年，正值中国封建王朝摇摇欲坠之时。当时，当政者慈禧太后在舆论压力下承诺改革，在文化教育方面也引进了一些西方新式教育和媒体报纸机构，但人们的传统封建礼教思想根深蒂固，依旧希望孩子学习传统的四书五经、八股文，并且鄙视体力劳动。从这个角度说，林至诚在教育方面的眼光绝对是超前的，也正是他在教育孩子方面的超前意识，最终让林家孩子个个学业有成，尤其是小和乐，最终成为了誉满全球、学贯中西的学者。

坂仔村是一个封闭式的小山村，与外界联系的只有水流湍急但不深的西溪。小和乐跟在两个兄长后面，看着熟悉的扁长小船划过来，然后小心翼翼地坐上去，心想着马上就要走出小山村到充满期待的外面未知世界去学习，心里非常高兴。

小船在西溪走十几里，水面就开阔起来，小船此时也换成比较大的乌篷船。看着两岸的美景，小和乐心情非常愉快。在《林语堂自传》里，林语堂这样描述当时的心情：

我在西溪船上，方由坂仔（宝鼎）至漳州。两岸看不绝山景、禾田，与乎村落农家。我们的船是泊在岸边竹林之下，船逼近竹林，竹叶飘飘打在船篷上。我躺在船上，盖着一条毯子，竹叶摇曳，只离我头上五六尺。那船家经过一天的劳苦，在那凉夜之中坐在船尾放心休息，口衔烟管，吞吐自如。其时沉沉夜色，远景晦冥，隐若可辨，宛是一幅绝美绝妙的图画。对岸船上高悬纸灯，水上灯光，掩映可见，而喧闹人声亦一一可闻。时则有人吹起箫来，箫声随着水上的微波乘风送至，如怨如诉，悲凉欲绝，但奇怪得很，却令人神宁意恬。我的船家，正在津津有味地讲慈禧太后幼年的故事，此情此景，乐何如之！美何如之！那时，我愿以摄影快镜拍照永留记忆中，我对自己说："我在这一幅天然图画之中，年方十二三岁，对着如此美景，如此良夜；将来在年长之时回忆此时，岂不充满美感么？"

由于小和乐年岁较小，还是第一次出门，所以时间一长就想家，想念母亲。但没有办法，为了节省旅费，兄弟几个只能在寒暑假回家与家人团聚。每次回家，当小船划进西溪看到熟悉的家乡时，小和乐兄弟几个总是高兴得忍不住从小船上跳进不深的溪水中向家门奔跑，争相向朝思暮想的母亲诉说自己学习上的事情，让小小的山村院落热闹异常。

母亲杨顺命出身寒门，但在林语堂心中举足轻重。记忆中，母亲从来没有打骂过林语堂，是一位慈母。也许是由于被丈夫耳濡目染的原因，从未上过学的杨顺命竟然也能阅读闽南语拼音的《闽南圣诗》。她像千千万万个中国民间普通而伟大的母亲一样，自己一生无所求，一天到晚只知道操劳家务和抚养几个儿女，最终在七十七岁病故。

小和乐在思乡的煎熬中，在鼓浪屿完成了小学学业，随后进入了厦门寻源书院学习中学课程。

厦门寻源书院同样是一所教会学校，始建于 1881 年，是基督教美国归正教公会、英国长老会共同创办的，地址设在鼓浪屿，校名寓意"寻真理之奥，启智慧之源"。

教会学校在教育方面必然受到教会的影响，在学校管理以及教学方面都存有教会的影子。当时，鼓浪屿寻源书院的院长是美国人，此人一副商业头脑，一心想在鼓浪屿地面上搞房地产生意。相反，作为寻源书院的校长，他在教育教学方面不够关心。更加让人难以容忍的是，这位美国人看不起中国人。在学校管理方面，寻源书院规定了很多苛刻的纪律来约束中国的学生。比如，寻源书院禁止学生阅读课外书籍和中国报纸（当时中国已经出现报纸），并认为这属于非法行为，如果发现学生阅读课外书就严肃处理。另外，学校禁止学生吃零食、点心和各种宵夜，为此，那位美国校长还将自己的办公室设在楼梯口附近，时时检查学生的举动。

在这种环境下，在山村长大且思想奔放、对课外知识充满兴趣的小和乐对寻源书院的做法非常不满意。在《林语堂自传》里，林语堂这样描述这段学习生活：

学校是致令学生看书为非法行为的地方。那地方将全日最好的光阴作上课之用，由早晨八时至下午五时，把学生关闭在课堂内。凡在校时间偷看杂书，或交换意见（即所谓课堂闲谈）者，皆是罪过，是犯法。在中学课堂之中只许身体静坐，头脑空洞，听着别的学生错答问题而已。

从林语堂的文字中可以看出，当时的寻源书院对小和乐在学习上的压抑多么严重。为了反抗寻源书院的这种教育制度，小和乐在学业考试时就采用"作弊"的办法。尽管平时学习"不用功"，可到了考试时成绩仍然能够"名列前茅"。凭借自己的"聪明才智"，小和乐最终在1912年即辛亥革命后第二年，以第二名的优异成绩结束了中学的学习生活，随后在暑假非常轻松地考上了上海圣约翰大学，将父亲的梦想变成了现实。

林至诚看到小和乐这样有出息，心满意足，但接下来儿子上大学的费用成了头疼的问题：一百大洋可不是个小数目。当时，林至诚月薪二十大洋，可这些钱养一大家子十来口人之后，积蓄就谈不上了。如今让林至诚一下子拿出这么多钱，成了一个重大的家庭难题。

这时候，一个人闪进了林至诚的脑海——陈子达。这个人小时候家里非常穷，一年四季赤脚跟着林至诚在铭新小学学习。贫寒出身的林至诚非常同情陈子达，每到冬天就让太太给陈子达做一双新鞋，陈子达被感动得热泪盈眶。转眼几年时间过去了，昔日的穷孩子陈子达已经变成腰缠万贯的富商。林至诚此时想到陈子达，就想找他借钱。果然，接到书信的陈子达马上赶到了坂仔村，非常爽快地借给了林家一百现大洋。至此，小和乐去上海上大学已经指日可待。

此时需要提及的一个人就是林语堂的二姐美宫。她从毓德女校毕业之后很想到福州上大学。林至诚对一个小儿子上大学的费用尚且有困难，假如再添一个女儿上大学，几乎是不可能的事。不过，美宫学习成绩很好，上大学的念头很足，为此和父母怄气。林至诚就让太太去劝女儿放弃上大学的念想，美宫就吹灭灯盏睡觉，但这种"孩子式"的执拗终究无法对抗活生生的现实。最终，美宫流泪同意放弃上大学，答应嫁人，将自己上大学的梦想寄托在弟弟小和乐身上。在《林语堂自传》里，林语堂这样描述姐弟俩的情感：

我们是贫寒之家，二姐在出嫁的那一天给我四毛钱，含泪而微笑对我说："我们很穷，姐姐不能多给你了。你好好的用功念书，因为你必得要成名。我是一个女儿，不能进大学。你从学校回家时，来这里看我吧。"不幸的是，她结婚后约十个月便去世了。

从林语堂的文字可以看出二姐美宫的无奈和对弟弟的期望，而其背后隐藏的是林至诚支撑家业、孩子们学业的困难。毕竟，当时在民国初年，尽管身为基督教牧师的林至诚已经具备一定的现代文化思想，但封建传统"传男不传女"的理念依旧根深蒂固。即便是 21 世纪的当今社会，在儿子、女儿选其一的时候，父母往往会选儿子，比如电影《唐山大地震》中就有明显的例子：在儿子、女儿同时出现危险只能救其一时，父母们往往选择儿子。因此，在林语堂和二姐都要上大学的问题上，林至诚最终让儿子上大学，事出无奈，也是家庭经济条件所限。

作为一个牧师，林至诚是清末首批接触西方现代教育思想的人士之一，让孩子上大学一直是他的梦想。林语堂考上上海圣约翰大学，在一定程度上完成了他的心愿。后来，在支持孩子上学方面，林至诚不惜卖掉家里的房子（毕竟，不可以总找陈子达去借）。

后来，林语堂去德国留学期间，林至诚病逝。

在上海圣约翰大学

　　林语堂去上海圣约翰大学上学时，林至诚举家都去护送。原因就是，这次除了儿子去上学，二女儿美宫也要出嫁。小船首先来到山城，一家人上岸为美宫办理婚事，然后再次登船去往上海。历经二十多天的长途跋涉，林至诚一家人终于抵达东西文化交汇的世界都市上海。

　　上海圣约翰大学始建于 1879 年，当时名字叫圣约翰书院。两年后即 1881 年，圣约翰书院开始全部采用英语教学，成为当时中国第一座全英语授课的学校。1892 年，圣约翰书院根据中国当时的实际情况开设大学科目，到 1905 年，圣约翰书院改称圣约翰大学，并成为我国第一所现代化高等教会院校。

　　上海圣约翰大学在世界教育界颇负盛名，有"东方哈佛""外交人才的养成所"的美誉，为中国培养了众多的人才，著名外交家颜惠庆、顾维钧、宋子文，著名学者邹韬奋、林语堂、张爱玲，著名实业家荣毅仁、刘鸿生，都出自该学校。这些人才都为中国近现代的发展做出了贡献，也成就了上海圣约翰大学的教育传奇。（备注：上海圣约翰大学在中华人民共和国成立后 1952 年院校调整时被分成华东师范大学、同济大学、复旦大学等学校。）

林语堂在福建坂仔村首次接触西方文化科技是范礼文牧师修建教堂时，在鼓浪屿寻源书院学习西方文化则让林语堂刻骨铭心。在《林语堂自传》里，林语堂这样描述在鼓浪屿看到的外国人：

我与西洋生活初次的接触是在厦门。我所记得的是传教士和战舰，这两份子轮流威吓我和鼓舞我。自幼受教会学校之熏陶，我自然常站在基督教的观点，一向不怀疑这两者是有关系的，直到后来才明白真相。当我是一个赤足的童子之时，我瞪眼看着 1905 年美国海军在厦门操演的战舰之美丽和雄伟，只能羡慕赞叹而已。我们人人对于外国人都心存畏惧。他们可分为三类：传教士的白衣，清洁无瑕和洗熨干净；醉酒的水手在鼓浪屿随街狂歌乱叫，常令我们起大恐慌；其三则为外国的商人，头戴白通帽，身坐四人轿，随意可足踢或拳打我们赤脚顽童。

从林语堂的自述文字中可以看出，他对西方人以及文化充满了好奇，对"洋人"欺负中国孩子心存不满，但字里行间也透露出无奈，因为外国洋人战舰"美丽而雄伟"。或许是因为这些不满和无奈的心理，刺激了林语堂的幼小心灵，促使他坚定学习西方科学和文化的信念。

林语堂深受父亲的影响，也是基督教徒，心中的基督教徒的形象都是父亲或者范礼文一样的人，对西方文明也是充满了朦胧和好奇。

他所上的铭新小学、寻源书院，以及来到的上海圣约翰大学，都是教会学校，而教会学校在教学以及学校管理方面几乎都是一脉相承的，那就是禁止中国学生学习中国传统文化以及民间文化，换句话说，就是禁止学校学生阅读中国传统书籍。这对于求知欲强烈、个性奔放、喜欢中国传统文化的林语堂来说约束很大。根据林语堂的回忆，当时他正在迷恋苏东坡的文学作品，还在研读司马迁的《史记》，这让林语堂在求知欲方面受到了遏制。不过，教会学校也有好处，那就是食宿全免，这对于很多中国孩子来说绝对是个福音。如果没有教会学校，林语堂这一类的寒门学子在当时的清末民初时代，恐怕都难以进入像上海圣约翰大学这类高等院校深造学习。不过，也正是由于在这类教会学校里学习，束缚了林语堂在中国传统文化方面的发展，比如书法，因为教会学校要求学生使用西方的自来水笔来书写课程作业，书写与中国传统汉字截然不同的英语字母。这样一来，林语堂只能丢下父亲林至诚手把手交给自己的中国传统毛笔书法，需要拿起西方的自来水笔书写英语了。

根据林语堂的回忆，圣约翰大学的图书馆里藏书大约有五六千本，但其中三分之一属于神学之类，或者说，是基督教会的书籍。不过，毕竟还有三分之二其他方面的书，林语堂完全可以在"贫瘠的森林里漫游，读达尔文、赫克尔、拉马克，及温斯顿·邱吉尔的《杯盘之内》"，努力寻找小说和社科类书籍，丰富自己的文化知识。

圣约翰大学的校长是卜舫济博士，在林语堂心目中的形象很伟大，属于英国鲁比或者伊顿学校校长一类的人物。卜舫济博士在教育学生方面非常严谨，一丝不苟。

真正让林语堂对英语感兴趣的，则是两位外国妇女，一位是李寿山女士，另一位则是福建鼓浪屿寻源书院的校长夫人。按照林语堂的回忆，这两位女士优美的英语发音让林语堂为之倾倒，让正在学业道路上奋进的林语堂感受到了西方语言的巨大魅力，从而对圣约翰大学的英语产生了兴趣。之前在小学和中学练习的英语基础，这次到圣约翰大学得到了应有的发挥。他选学的是语言学，然后自己琢磨制订了一套适合自己的学习方法——一本袖珍牛津英文字典。林语堂将每个英语单词在不同语境里的不同用法列举出来，将不同语境、不同含义的英语单词本质以及独特意义充分透彻地展现出来。这种英语学习方法让林语堂终生受益，后来还专门写了一篇《我所得益的一部英文字典》，向学习英语的学子们推荐自己的学习经验。在《林语堂自传》里，林语堂这样描述心目中的上海圣约翰大学：

此外，我学习打网球、踢足球，甚至向那位从夏威夷来的同学学打棒球，虽然我永远不能把它打成曲线。我参加划船队及五英里竞走的径赛队。说句公道话，我在圣约翰大学的收获之一，是发展饱满自己的胸脯；如果我进入公立的学校，就不可能了。

正如林语堂描述的那样，他强健的体魄的确跟圣约翰大学有密切的联系。根据他的回忆，在大二的时候，圣约翰大学在原来的校区基础上又增添了一块地皮。学校在那里进行了园林式的建设，并且附加建有一些体育设施。林语堂时常在那里锻炼，还参加学校的足球队，并且当过学校划船队的队长。林语堂学习打网球时，美国夏威夷的男生同学根耐斯非常耐心地教他上弯球和下坠球，给他留下了深刻印象。

值得一提的是，后来成为著名作家、学者的林语堂当时在圣约翰大学曾经参加一英里赛跑，竟然还获得了第一名并打破了圣约翰大学的纪录，为此还参加了远东运动会。当时，父亲林至诚正好在上海，就特意去运动场看儿子林语堂的竞技表演。在这件事上，当时的东西方文化再次在林语堂的教育问题上出现了碰撞。圣约翰大学感觉林语堂能参加并在运动会上有所表现对今后的人生很重要（现代教育观点当然都这样认为），可是，在中国农村长大并且和西方文化有过一定接触的基督教牧师林至诚依然不赞成儿子参加这类活动，感觉这和"智能"没有关系。或许，林至诚深受中国儒家传统文化中鄙视体力劳动观点的影响。

林语堂在圣约翰大学最喜欢的是中文课程，原因是这段时光可以阅读中文书籍。根据他的回忆，当时，有一位汉语老师是一个老学究，除了传统文化知识之外对地理学一窍不通，有一次竟然说坐汽车可以去美国，让学生哄堂大笑。还有一位汉语老师，一个学期的时间就教中国民法，通过不断在阅读中国民法条文上来上课。这样的教学让当时的林语堂难以容忍。遇到这样的情况，林语堂就在书桌下面放一本社科类的书籍来读，可以借这个时间去看课外书籍，原因就是这个"老夫子"讲课的时候眼睛根本不看学生。林语堂紧紧抓住这个"可乘之机"如饥似渴地阅读自己喜欢的书籍：张伯伦《19世纪的基础》、赫克尔《宇宙之谜》、华尔德《社会学》……

林语堂感觉圣约翰大学在教学方面忽视中国社会知识和传统文化知识的教育，许多学生的中文课程成绩连续几年不及格，一样可以拿到圣约翰大学的毕业证书。

林语堂凭借自己的聪明才智，同样在圣约翰大学取得了优秀的成绩，每年的期末考试，林语堂基本都是第二名。按照林语堂自己的说法，并不是自己学习不努力、不认真，相反，林语堂感觉课堂上的课程学习太容易了，没有必要去耗费大量的精力去学习。另外一个原因就是，林语堂做事不愿意做第一，这或许是因为他深受中国传统文化的中庸思想影响。毕竟，中国传统文化的中庸之道影响了许许多多的中国人。

林语堂在圣约翰大学还有一个爱好就是钓鱼，有这个爱好或许是因为林语堂是在福建山村里长大的原因。圣约翰大学距离苏州河不远，而且当时的苏州河河水清澈，鱼虾满塘，吸引了不少圣约翰大学的师生前去垂钓，其中也包括林语堂。可是，临近考试的时候，学生们都在准备复习，老师们也都在辅导，此时的苏州河畔就变得冷冷清清了。而在这种时候，林语堂依然坐在河边钓鱼，一副悠然自得、全不将圣约翰大学考试放在心里的样子。令周围同学羡慕的是，每次林语堂不但考试成绩名列前茅，而且在苏州河的垂钓也会满载而归。据说，当时有名同学深受林语堂这种学习方式的诱惑，在考试前也跟随林语堂去钓鱼，结果考试后，那名同学的成绩非常不理想，而林语堂依然成绩斐然。由此可见，尽管林语堂在学习时期钓鱼，其实心境和普通的钓鱼是不一样的。

在大学二年级的结业典礼上，林语堂再次显示出自己多才多艺的一面，一人独自得到三种奖章，轰动了圣约翰大学，也创造了圣约翰大学一人独得好几种奖项的记录。

林语堂在圣约翰大学的学习成绩不错，很让父亲林至诚放心。林至诚也以此为荣，毕竟，儿子在学业上的发展是按照自己的思路，和基督教有着千丝万缕的联系的，所以林至诚也梦想着儿子林语堂在基督教会的发展能超越自己。在大二暑假时，林语堂回到家，林至诚在传教布道时就让儿子来参加。令他没有想到的是，此时的林语堂在思想上已经有了很大变化，和之前的基督教神学思想出现了偏差。在《林语堂自传》里，林语堂这样描述当时的情景：

有一次在假期回家，我在教会登坛讲道，发挥旧约《圣经》应当作各式的文学读，如《约伯记》是犹太戏剧，《列王记》是犹太历史，《雅歌》是情歌，而《创世记》和《出埃及记》是很好的、很有趣的犹太神话和传说。——这宣教辞把我父亲吓得惊惶无措。

从上面的文字中可以看出，上了大学的林语堂已经不再是之前在林至诚面前虔诚的基督教徒了，他通过博览群书，已经将西方神学的思想和文学结合了起来，形成了自己的思想观念。林语堂当时的讲题《把圣经当文学来读》将很多犹太神话和历史结合在了一起，尽管在思想上没有背离基督教，但他的讲题说的却是没有上帝的世界。

林至诚此时才发现，儿子已经长大了。

梦中的甜美初恋

有很多关于林语堂初恋的文章和作品，最为著名的莫过于林语堂创作的小说《赖柏英》。在这部小说里，主人公新洛与赖柏英青梅竹马，两小无猜，随着年龄的增长彼此之间产生了爱慕之心。新洛出国留学时，赖柏英没能追随，最终让身在异国他乡的新洛思想迷乱……在历经一系列感情挫折之后，新洛最终和赖柏英"有情人终成眷属"。

林语堂的这部小说是作者自传体作品，而主人公的原型就是作者林语堂的初恋情人赖柏英。值得一提的是，在现实生活中，作者林语堂并没有和赖柏英"有情人终成眷属"。在《林语堂自传·我的婚姻》里，林语堂这样描写：

我以前提过我爱我们坂仔村里的赖柏英。小时候儿，我们一齐捉鲹鱼，捉螯虾，我记得她蹲在小溪里等着蝴蝶落在她的头发上，然后轻轻地走开，居然不会把蝴蝶惊走。我们长大之后，她看见我从上海圣约翰大学返回故乡。我们俩都认为我俩相配非常理想……后来，长衫儿流行了，我姐姐曾经看见她穿着时兴的衣裳，非常讨人喜欢。我记得她平常做事时总是穿黑色的衣裳，到了礼拜天，她穿浅蓝的，看来好迷人。她祖父眼睛没瞎时，她总是早晨出去，在一夜落雨之后去看看稻田里的水有多么深。我们俩彼此十分相爱。

从林语堂自述的字里行间能够看出，他小时候的确和赖柏英有过一段很深的感情。在少年林语堂的眼里，赖柏英美若天仙。可是，究竟是什么原因让这对两小无猜的青梅竹马没有"终成眷属"呢？

赖柏英也是坂仔村人，她的母亲是林语堂母亲的教女。换句话说，林语堂应该是赖柏英的长辈。正是因为这层关系，才拉近了两个孩子的距离。当时，林语堂家居住在坂仔村的西溪旁边，赖柏英家居住在半山腰，两家相距有五六里路。坂仔村有集市，赖柏英时常去山村里赶集，顺便捎来自家在山上采集的竹笋或者母亲做的糕点之类的送到林语堂家，两个孩子隔三岔五总能有见面玩耍的机会。有时候，活泼好动的林语堂也到山上去。林语堂比较瘦小，赖柏英也不胖，在个头上两个孩子差不多。相比之下，赖柏英的脸面偏瘦一些，所以林语堂就叫她橄榄。

林语堂和赖柏英很要好，几天看不到赖柏英，林语堂就打不起精神。他们一起在山村里玩耍，一起比赛吃荔枝。赖柏英喜欢唱歌，优美的歌声时常在山间回荡，让林语堂痴迷并由此产生无限遐想……恍惚间，他们长大了，林语堂先在鼓浪屿上中学，随后又考上了上海的圣约翰大学。暑假期间，林语堂回到坂仔村去寻找昔日的小伙伴，亲切地拉着赖柏英的手，向她倾吐了爱慕之心。赖柏英看着眼前英俊潇洒的林语堂，首次感觉到了爱情的甜蜜。

可是，此时的林语堂已经今非昔比，他的心里想着世界大都市，想着出国留学完成家人的夙愿，想着无限广阔的世界文化天地。相比之下，赖柏英的思想已经被家乡的山间生活所羁绊。她家里有位双目失明的祖父，需要她来搀扶照顾，况且，在山林生活的赖柏英已经习惯了，她不了解大山之外的世界，也不想走出大山。

不同的思想，最终让林语堂和赖柏英这对青梅竹马各奔东西了……后来，赖柏英嫁给了一位当地商人，生活甜蜜，终老一生。然而，初恋的甜蜜时刻萦绕在林语堂的心田，让他终生难以忘怀。后来，林语堂为了怀念这段甜蜜的恋情，就写了一部爱情小说，并且题目就叫《赖柏英》。故事以林语堂与赖柏英的情感为主线，将主人公赖柏英塑造成勤劳能干、善良孝顺的美丽女子，将自己撰写成为一个名叫新洛的文化青年。在小说中，林语堂让这对青梅竹马的恋人历经曲折，最后终成眷属，实现了现实生活中没有完成也无法完成的心愿。

林语堂在小说《赖柏英》中寄托了自己的情感，将自己的人生梦想通过文学艺术的形式变成了"现实"。在小说中，林语堂这样描述新洛与赖柏英的感情：

新洛激动地抚摸她的头发，盯着她的眼睛，把她的脸托起来。她似乎有点怕，迟疑了一会，然后就听任他轻飘飘吻在她唇上。她满面羞红，一句话也不说。刚才卫士般的理性还战胜了内在的情感，现在却柔顺异常。这一吻使她动摇，她忽然愁容满面。

"你不高兴和我在一起？"他问她。

"高兴。我真希望能永远这样。你，我和我的田庄永远聚在一块儿。"

"你的田庄对你就那么重要？"

"是的。不只是田庄，那是我的家庭。你不懂……"

完美幸福的一刻已经过去，阴影向他们袭来。

回到河滩上，她说："新洛，我爱你，以后也永远爱你，但是我想我不可能嫁给你。"

……

"你到外国会学到什么？"

"我不知道。"

"你觉得你会像我们现在一样快乐？"

"我不知道。"

她甩甩头，脸上有伤心的表情。

"好吧，那你去吧。我打赌你不会快乐。我想你也不会回到我身边，因为我那时一定嫁人了。"

她好像要打一仗逼他留在家乡似的，其实她只是说出自己平凡的意见。因为当时她语气十分肯定而自信，甚至带有一点挑战意味，所以他始终记得那几句话。

小说中的这段情感描写，不正是林语堂和坂仔村赖柏英的真实写照吗？林语堂将昔日的梦中女神通过文学艺术形式最终和"自己"走进婚姻殿堂，在梦幻中完成了人生夙愿。然而，现实毕竟是残酷的，闽南山村的生活已经牢牢地留住了赖柏英的心，让她难以插上飞出大山的翅膀。然而，林语堂插上双翅的心已经飞出了闽南，已经飞跃上海圣约翰大学，还准备从这里飞向理想中的海外大千世界。正是因为这样的原因，最终让这对恋人只能将这段情感深深地埋在心底。

和赖柏英无法走到一起，最终让林语堂承认了现实和理想的差距。

在上海圣约翰大学上学期间，林语堂因为老乡的关系结识了两个人，即来自厦门的陈希佐和陈希庆兄弟俩，共同的闽南乡音和基督教信仰让三人很快成为好朋友。他们一起去看西洋电影，一起在学校的绿荫下谈话，一起吃饭闲聊，一起去教堂做祷告。偶然的一次聚会时，陈希佐和陈希庆将自己的妹妹陈锦端带了过来。陈锦端秀美的长发、大大的眼睛很快吸引了林语堂的注意，让这个文静的圣约翰大学高才生怦然心动。

陈锦端走后，性格直爽的林语堂马上向陈希佐、陈希庆兄弟俩敞开心扉吐露了爱慕陈锦端的真情。陈氏兄弟俩被林语堂的坦诚征服了，答应成全林语堂。不过，陈家兄弟表示，这事需要征得妹妹陈锦端的同意才可以向下发展。

当时，陈锦端在圣约翰大学旁边的圣玛丽女校学习绘画。林语堂在圣约翰大学的突出表现已经在两所学校传播开来并成为美谈，陈锦端早有耳闻。因此，当陈家兄弟向妹妹说起林语堂时，陈锦端还感觉自己配不上这位圣约翰大学的高才生。

"人家可是圣约翰大学的才子啊，我配得上吗？"

就这样，二人的关系确定了下来。在那段美丽而值得纪念的时光里，之前只有三个人的结伴而行，如今变成了四个人在漫步闲谈，在教堂做祷告。

林语堂和陈锦端很快坠入爱河，将那段时光变成如梦如幻般的美好回忆。随着暑假的来临，陈锦端和林语堂各自回到家里。假期里，依然对陈锦端痴迷的林语堂几次来到厦门找陈家兄弟闲聊，但"醉翁之意不在酒"，真正的用意是看望陈锦端。

令林语堂没有想到的是，陈家此时在对待林语堂这件事上的态度正在悄悄地发生着逆转，二人炽热的恋情正面临一场暴风雨，原因在陈锦端的父亲陈天恩身上。

陈锦端的父亲陈天恩在青年时期曾经追随孙中山闹革命，思想激进。讨袁战争失败之后，陈天恩就来到菲律宾开始创办实业，并获得一定成就。后来，陈天恩回到祖国，在厦门一代创办造纸厂、厦门电力厂、福泉厦汽车公司等一些实业，在当地富甲一方。陈家人信奉基督教，陈天恩还担任基督教竹树堂会长老。对于林语堂的家庭状况以及对陈锦端的这份情感，陈天恩早已经心领神会，并且他还了解到此时的林语堂尽管还是基督教徒，但其思想并不虔诚。反复思忖之下，陈天恩终于有了拆散这对恋人的心思。他首先找女儿陈锦端畅谈，最终让女儿哭着说从此不再见林语堂。随后，陈天恩又找到林语堂，说要给林语堂做媒，将隔壁廖家的二女儿介绍给林语堂。

天资聪慧的林语堂马上明白了陈天恩的意思，仿佛晴天霹雳一般，往日甜蜜的爱情火焰一下子浇灭了，内心感觉受到了莫大的屈辱。没办法，林语堂只得垂头丧气地回到坂仔村，将自己关进房门不见任何人。在《林语堂自传·我的婚姻》里，林语堂这样描述当时的情景：

我知道不能娶C小姐时，真是痛苦万分。我回家时，面带凄苦状，姐姐们都明白。夜静更深，母亲手提灯笼到我屋里，问我心里有什么事如此难过。我立刻哭得瘫软下来。哭得好可怜。因为C小姐的父亲为她进行嫁与别人，我知道事情已经无望，我母亲也知道。

从林语堂回忆的字里行间可以看出当时他心情的悲凉。但没有办法，中国传统婚姻讲究门当户对，这件事只能就此不了了之。

第二天，林语堂的大姐瑞珠省亲回到家里，了解事情的来龙去脉之后大发脾气说："陈天恩家里多有钱啊？咱们怎么能娶到他的女儿？娶到家你也养不起啊！"

根据林语堂的女儿林太乙的回忆，林语堂一直在惦记着与陈锦端的那份感情。几年之后，林语堂已经成家立业有了孩子在上海居住。

当时，陈锦端也在上海，就找机会来林语堂家里串门，而每次林语堂都非常郑重其事地迎接。为此，林语堂的妻子廖翠凤却难能可贵地表现出了相当的自信大度。

"曾经爱过也不要紧，可嫁给林语堂的并不是陈天恩的女儿，而是我'没有钱不要紧'的廖翠凤。"

自此之后，有绘画爱好的林语堂每次在作画时，如果画少女，总是满头长发，上面还有个宽大的发夹。二女儿林太乙询问父亲这样画的缘由，林语堂就说这是首次见到陈锦端时她的形象……晚年在香港，林语堂腿脚不方便，有一次陈希庆的太太过来探望，林语堂谈话间问及陈锦端的近况。当了解到当时陈锦端在厦门时，马上表示要去看望陈锦端。一旁林语堂的太太廖翠凤马上说："你瞎说什么呀？你现在不能走路，怎么能到厦门去？"

陈天恩一手拆散了林语堂和陈锦端的婚姻，内心也感觉不光彩，也能体会到两个年轻人心理上受到的伤害，尤其是对大学才子林语堂。为了弥补林语堂情感上的挫伤，陈天恩决定促成邻居廖悦发的二女儿廖翠凤与林语堂的婚姻。在经历两次情感挫折之后，林语堂人生的另一半终于出现了。正如他在自己的文学作品《红牡丹》（备注：林语堂的小说作品，并非20世纪80年代电影《红牡丹》的原作）中说的那样：

一个人出生后，他的灵魂就到处寻找那与他相配的另一半。他也许一辈子也找不到她。也许要十年、二十年，但是他们碰面的时候，马上认得出对方，全凭直觉，无需讨论，无需理由，双方都如此。

林语堂明白陈天恩这么做的用意，但毕竟人家也是好意，拒绝的言辞有点说不出口，无奈之下就答应了下来。在一个约定的日子，林语堂穿了普通的长衫去廖家赴宴。就这样，他和人生的另一半廖翠凤相见了——就在身体健壮、饭量很大的林语堂落落大方地在廖家客厅吃饭时，朦胧中感觉有一个人在暗地里偷偷看自己，似乎还在扳着手指头数自己吃了几碗饭。

　　这就是和林语堂相伴一生的廖翠凤。

第二章

留学海外

出国留学的前奏

　　廖悦发一家人也是基督教徒，并且在信仰方面非常虔诚。廖家在厦门有自己的码头、仓库和钱庄，和陈天恩一样都属于厦门一代有名的富商。妻子林氏为廖悦发生下三个儿子两个女儿。在教育孩子的问题上，廖悦发传统文化思想观念极其浓厚，教育女儿从小就练习烹饪厨艺、缝纫洗衣，在公开场合下女儿不许多说话。平时吃饭，男女需要分桌。另外，廖悦发脾气暴躁，心情不好的情况下动不动就冲老婆和女儿发火骂人，儿子们也学着父亲的样子在家里趾高气扬。这样一来，廖家男尊女卑的风气非常浓厚，导致廖翠凤时时有一种低人一等的感觉，这种想法随着年龄的增长越来越强烈。从这个角度考虑，廖翠凤感觉结婚是逃出这个封建家庭的唯一出路。因此，当母亲向廖翠凤提及林语堂的身世时，廖翠凤满不在乎。在《林语堂自传·我的婚姻》里，林语堂这样描述当时的情景：

　　我们结婚之后，我一直记得，每逢我们提到当年婚事的经过，我的妻子就那样得意地吃吃而笑。我们的孩子们都知道。我妻子当年没有身在上海，但是同意嫁给我，这件事一直使她少女的芳心觉得安慰高兴。她母亲向她说："语堂是个牧师的儿子，但是家里没有钱。"她坚定而得意的回答说："穷有什么关系？"

林家和廖家都是基督教徒，所以在孩子们上学的道路上有共同之处。廖翠凤的二哥也在上海圣约翰大学上学，和林语堂还是同学；廖翠凤曾经在鼓浪屿毓德女校上学，和林语堂的大姐是同学。对廖翠凤非常了解的林语堂的大姐对这桩婚事非常满意，对这位廖家二小姐赞不绝口：长相端庄，大眼睛，高鼻梁，大耳朵；性格开朗大方，生性贤惠；勤俭持家，对妇女的活计样样精通。廖翠凤也从二哥的口中得知林语堂在圣约翰大学的优秀表现，所以对这位大学才子也非常满意。

1915年，即林语堂在上海圣约翰大学上大三时，林语堂与廖翠凤订婚，随后回到上海继续在圣约翰大学上学。一年之后，踌躇满志的林语堂准备出国留学。他不想西装革履地去洋行上班，尽管可以养家糊口，可整天和钱打交道就会距离文化越来越远，那样的人生不是林语堂的初衷。权衡再三，林语堂答应了当时清华学堂校长周治春的聘约。林语堂这样做的目的，就是想在清华学堂任教三年后到美国去留学。按照当时的规定，只要在美国用"庚子赔款"修建起来的清华学堂（当时全称是清华留美学校）任教满三年就可以去美国留学。民国政府除了给留学生提供学费，另外每月还提供八十美元津贴。这样的条件对当时的寒门学子具有非同一般的诱惑力。林语堂去清华担任中等科英文教员，就是想实现少年时期出国留学的梦想。

在清华学堂，身为基督教徒的林语堂在行为举止方面和周围同事截然不同，不结伙搭伴去当时的北京八大胡同喝花酒，而是主动申请到周末教会班去引导学生们学习神学知识。到了假期，林语堂回到福建的坂仔村，还要到廖家去看望未婚妻廖翠凤。当时，林语堂和廖翠凤一起坐在敞开门的客厅对坐着聊天，内心感觉非常甜美。这种情况在当时是非常新鲜的，因为民国初年的乡间封建意识非常浓厚，没有结婚的男女不可以随便接触。

林语堂到北京清华学堂做教员的另外一个目的，就是想领略一下古都北京丰厚的文化底蕴。对中国传统文化情有独钟的林语堂非常羡慕北京的文化名胜，长城、故宫、圆明园、天坛……之前都在梦中萦绕，如今，这些祖国的历史文化遗产展现在自己眼前，怎能不让这位才子流连忘返？另外，让林语堂无比羡慕的还有北京的方言，这一点是林语堂从《红楼梦》里袭人和晴雯两个丫鬟口中了解到的。林语堂喜欢《红楼梦》，更喜欢里面蕴含的高深的传统文化，特别迷恋袭人和晴雯说的朗朗上口而不失文人气度的京官话。

迷恋古都的文化底蕴，林语堂就想在北京搜寻一下旧版的古籍，希望从古籍中能够找到自己所不知道的历史文化。从摆书摊的老北京口中了解到，这种书需要到北京琉璃厂去搜寻。

琉璃厂在北京和平门外边，是一条一里多长的小街。早在清朝顺治年间，北京琉璃厂已经初具规模了。这条小街里面的店铺都涉及古玩和古书籍，店铺主人多半是一些落第的秀才，他们感觉没脸面回到故乡见亲人，只得在北京做些与历史文化典籍有关的老本行生意。后来，清朝衰败之后，一些旧官僚也流落到这里，让琉璃厂更加兴旺热闹。

来到琉璃厂后，林语堂大开眼界，他兴奋得两眼放光。在这里，他竟然可以看到不同版本的《红楼梦》，庚辰本、甲戌本、蒙府本，让林语堂目不暇接，眼花缭乱。从此，林语堂迷恋上了琉璃厂，只要有了空闲，他就会来到这里转悠。林语堂感觉，北京琉璃厂仿佛就是一条文化时空隧道，他走进去似乎就可以从这些历史文化的文字遗迹中搜寻中华博大精深的传统文化，搜寻到未知的历史文化典故。

除了到琉璃厂去搜寻古书，林语堂剩下的心思就是加紧做出国留学的准备，这是林语堂来清华学堂的初衷。

林语堂一心在清华学堂教书，在北京文化名胜遗迹留恋，还想到美国去留学，就将婚事放在了一旁。这样一来，身在厦门的廖翠凤就感觉时间过得有些太慢了。她已经二十多岁了，这在当时清末民初的中国民间已经属于"老姑娘"了，周围的同龄女孩都已经结婚，都已经抱着自家的孩子满大街转悠说闲话了，而廖翠凤却只能坐在廖家屋内苦苦坐等未婚夫林语堂的召唤。可作为女性，廖翠凤还不能将心里话说得太直。有一次实在忍不住了，廖翠凤就说："这位林语堂先生，和我已经订婚四年了，为什么还不娶我啊？"

1919 年，在清华学堂历经三年教书生涯的林语堂终于获得了去美国留学的机会，但他只得到半额的奖学金，每月只能得到四十美元。如果林语堂单独去美国，尚能勉强凑合；假如结婚和廖翠凤一起去，每人就只有二十美元了……

听到消息的廖家心里更加不踏实。廖悦发就说："林语堂和我二女儿的婚事已经拖了四年，这次要不一起去美国，谁能预知他什么时候回来？"林语堂心里明白，和廖翠凤的婚事不能再拖了。于是，林语堂回家和家人商议，决定先结婚，然后不论有多大困难，夫妻一定一起到美国去。

林至诚非常高兴，自己儿子娶的可是钱庄的女儿，随后还要到美国去留学，这是何等的荣耀？因此，林至诚在坂仔村说，花轿要大顶的，因为新娘子很胖，一点也没有小家子气。林语堂在《林语堂自传·我的婚姻》里，这样描述和廖翠凤的结婚过程：

我要到新娘家去迎亲，依照风俗应当如此。新娘家端上龙眼茶来，原是做为象征之用，但是我全都吃了下去。举行婚礼时，我和伴郎谈笑甚欢，因为婚礼也不过是个形式而已。为了表示我对婚礼的轻视，后来在上海时，我取得妻子的同意，把婚书付之一炬。我说："把婚书烧了吧，因为婚书只是离婚时才用得着。"

按照福建南部的风俗习惯，新郎官来到女方家里接亲，女方家人要新郎喝一口龙眼茶象征"早生贵子"的意思。可是，林语堂在外上学多年，根本不懂得这些风俗，结果都喝了，据说还津津有味地嚼了一番龙眼，此举让廖家人深深感觉到林语堂的"不懂规矩"。可是，接下来让廖家人更加吃惊的一幕出现了：林语堂结婚之后竟然将婚书烧了……按照林语堂的想法，和廖翠凤结婚之后就准备踏踏实实过一辈子，保留婚书已经没有意义，所以就将婚书付之一炬。事实上，林语堂不但在婚礼上做出这些"不寻常"的举动，而且也用实际行动向廖家做了验证。林语堂和妻子廖翠凤恩爱一生，婚后的生活不管多么坎坷苦难，夫妻二人都坦然共同面对，相濡以沫，白头偕老。在《林语堂自传·我的婚姻》里，林语堂这样描述妻子：

妻是外向的，我却是内向的，我好比一个气球，她就是沉重的坠头儿，我们就这么互相恭维。气球无坠头儿而乱飘，会招致灾祸。她做事井井有条，郑重其事，衣裳穿着整齐，一切规规矩矩。吃饭时，她总拣切得周正的肉块吃，如鸡胸或鸡腿，她避免吃鸡胗、鸡肝儿。我总是爱吃翅膀儿、鸡胗、鸡脖子，凡是讲究吃的人爱吃的东西，我都喜欢吃。我是没有一刻安静，遇事乐观，对人生是采取游戏人间的态度。一切约束限制的东西我都恨，诸如领带、裤腰带、鞋带儿。

妻是水命，水是包容万有，惠及人群的；我是金命，对什么事都伤害克损。

换句话说，我和我太太的婚姻是旧式的，是由父母认真挑选的。这种婚姻的特点，是爱情由结婚才开始，是以婚姻为基础而发展的。我们年龄越大，越知道珍惜值得珍惜的东西。由男女之差异而互相补足，所生的快乐幸福，只有任凭自然了。在年轻时同共艰苦患难，会一直留在心中，一生不忘。她多次牺牲自己，做断然之决定，都是为了我们那个家的利益。

林语堂的婚房设在廖家，是一栋西式的别墅，房子四周是各种南方的树木，绿荫环绕。林语堂心里清楚，廖家的隔壁就是陈锦端家，尽管当时陈锦端身在美国，但依旧会勾起林语堂的缕缕相思情。阴差阳错也罢，歪打正着也罢，初恋的情感只能去梦幻中搜寻。现实生活中，林语堂和廖翠凤已经"终成眷属"。

结婚后，出国留学就被提上了日程。林语堂清楚，每月只有四十美元，加上妻子，每人只有二十美元的生活费用在美国生活是难以维持的。不过，林语堂还有一个"内援"——妻子出嫁时，身为富商的廖悦发给了女儿一千银元的陪嫁。这可不是一个小数目。

除此之外，林语堂还得到了一个外援——

当初，林语堂在清华学堂时，曾经在陈独秀主编的《新青年》发表了两篇文章：《汉字索引制说明》和《"汉字索引制"及西洋文学》。这两篇文章被当时在北京大学任职的胡适博士看到了。正在为北京大学募集人才的胡适感觉林语堂是发展对象，随后打听到林语堂正准备去美国留学的情况。刚刚从美国留学回来的胡适非常明白在美国的生活费用，他马上联系到了林语堂，并决定每月资助林语堂四十美元。前提是，林语堂从美国留学过来之后，必须到北京大学任教。这个要求对林语堂来说也是求之不得的好事，所以他就满口答应了下来。

胡适雪中送炭的举动让林语堂喜出望外，他向林语堂说明这四十美元是北京大学出资赞助的，这样做是为北京大学招募人才。当时，北京大学是新文化运动的中心，而林语堂的文化观念非常超前，他从内心深处是支持新文化运动的，并且早就对北京大学非常仰慕。因此，胡适提出的条件和资助让林语堂非常高兴。

后来，林语堂回国去向当时北京大学的教务长蒋梦麟道谢，而蒋梦麟则感到莫名其妙，林语堂这才明白胡适的资助是出自个人的腰包。胡适这种慷慨气度和视人才如"珍宝"一般的人格魅力，一度让林语堂非常感动，也赞叹不已。

在这些"内外援助"推动下，林语堂和新婚妻子廖翠凤去美国的事情就确定了下来。婚礼结束后，林语堂携手廖翠凤来到上海，随后登上了美国的"哥伦比亚"号客轮，开始蜜月旅行的同时，也踏上了出国留学的征程。

父亲林至诚特地从福建坂仔村赶来为儿子送行。这位已经年过花甲的乡村牧师，回想起当年在油灯下为孩子们编制的梦想，如今要变成现实了，他很激动。林至诚身体已经大不如前，还不知道这一别后在有生之年是不是还能再见面。让林至诚宽慰的是，林语堂这次出国有聪明能干的媳妇陪同。

看到父亲难舍难分的表情和满头的白发，林语堂也从内心感觉到了父亲的真实感受。之前，自己从坂仔村出去上学时，父亲从来没有这样恋恋不舍。果然，就在林语堂出国不到一年时，他就收到了父亲林至诚因病去世的消息，尚在西方学习的林语堂忍不住怆然泪下……

在"哥伦比亚"号客轮还没有抵达美国时，廖翠凤肚子疼得厉害。经过客轮上的医生检查才知道，廖翠凤患上了慢性盲肠炎。医生建议廖翠凤马上做手术，但钱庄出身对花钱比较敏感的的廖翠凤经过一番思考后，不同意做手术。她细细地给林语堂算了一笔账，结果林语堂乖乖地听从了她的建议，用吃药的办法静养。果然，廖翠凤的慢性盲肠炎渐渐消除，肚子不疼了。林语堂、廖翠凤夫妻二人顺利抵达美国。

理想中的哈佛大学

1919 年 8 月 16 日，林语堂夫妻二人抵达美国波士顿，随后在赫石街 51 号租了两间房，开始了留学生活。生活上，廖翠凤和房东太太需要共用一间厨房。在这种条件下，廖翠凤在廖家练习的洗衣做饭、缝缝补补的本事派上了用场。尤其在饮食方面，廖翠凤每日都在盘算如何让林语堂吃好喝好，免除林语堂学习的后顾之忧。在家庭经济管理方面，廖翠凤也显露出非同一般的能力，她将每月几十美元的花费算计得十分合理，林语堂根本不用在这方面花费心思。

毕竟是第一次出这么远的门，在廖家生活时间较长的廖翠凤有时候也想家，想念在家里时时被父亲责骂的母亲，想念廖家的肉松美味……波士顿的冬天要比福建厦门冷多了，租住的小房子里条件更难比厦门廖家的别墅，这更加深了廖翠凤对闽南家乡的思念。有一次，林语堂清理厨房时，居然发现了一只死老鼠，足见租住房屋条件的简陋。但是，没有办法，为了丈夫林语堂的学业，廖翠凤只能坚持，也必须坚持。

生活上不用林语堂操心，林语堂就可以一心扑在学习方面了。林语堂来到哈佛大学之后，首先就被哈佛大学的卫德诺图书馆丰富的藏书吸引住了。在《林语堂自传·哈佛大学》里，林语堂这样描述对这所大学的最初印象：

我一向认为大学应当像一个丛林，猴子应当在里头自由活动，在各种树上随便找各种坚果，由枝干间自由摆动跳跃。凭它的本性，它就知道哪种坚果好吃，哪些坚果能够吃。我当时就是在享受各式各样的果子的盛宴。对我而言，卫德诺图书馆就是哈佛，而哈佛也就是卫德诺图书馆。

我的房东太太告诉我卫德诺图书馆的书，若是一本书顶一本书那么排起来，可以排好多英里长。我住在赭山街五十一号，正在卫德诺图书馆后面。只要不上课，我就到图书馆去。当时我很穷，竟没钱买票去看哈佛对耶鲁的足球赛……

了解林语堂夫妇的人完全能够理解，之所以"没钱买票"，是因为太太廖翠凤在经济方面的"计划"。假如让丈夫林语堂大手大脚、随心所欲花钱，几十美元肯定坚持不到一个月，生活上就会出现"大漏洞"。因此，廖翠凤在生活方面的算计，最终能够在美国让林语堂坚持下来。尽管看耶鲁大学与哈佛大学的足球对决几乎是哈佛大学生们的"必修课"，可林语堂在妻子的周密安排下也没有图"一时之快"。

林语堂习惯读书学习，在社交生活方面不热心。廖翠凤偶尔和来到美国照顾中国留学生生活的教授夫妇来往一下。教授太太绥尔夫人是美国总统威尔逊的女儿，知书达礼。有一次，教授夫妇邀请林语堂夫妻二人到家里做客，林语堂和廖翠凤收拾一下就赶了过去。他们来到教授家门口敲门后，开门的女仆非常吃惊，因为教授今天没有邀请任何客人。林语堂就将教授夫妇的请柬递了过去，三人来到房里共同研究那份请柬，这才发现在时间上搞错了，林语堂夫妇将请柬上的时间提前了整整一周。二人在这方面都没有经验，最终，教授夫妇只得马马虎虎准备一下，招待了林语堂夫妻。后来一天的中午，教授夫妇二人来到赫石街看望了林语堂二人。

哈佛大学不是教会学校，不仅在教学管理方面自由宽松，卫德诺图书馆的藏书也丰富多彩，很快吸引了林语堂。从海涅的情诗到歌德的小说，再到莱布尼兹的哲学，痴迷读书的林语堂读得不亦乐乎，整日畅游书海。闲暇之余，林语堂还要让廖翠凤一起来分享一下自己的读书心得，讲讲触动心灵的地方。廖翠凤多半不清楚林语堂讲的那些外国人的事情，但她喜欢看到丈夫在讲读书心得时的兴奋表情，兴致勃勃，神采飞扬。随着学识的不断加深，林语堂对基督教神学的某些理论产生了怀疑，他就给廖翠凤说了自己的看法，此举让对基督教非常虔诚的廖翠凤心中暗暗吃惊。

林语堂在哈佛学习的是比较文学，教授叫白璧德。白璧德教授在研究歌德和莎士比亚的作品方面很有造诣，哈佛的大学生们都很崇拜白璧德教授。和林语堂一起学习的，还有后来成为中国著名学者的梅光迪、吴宓，他们三人曾经坐在一起听白璧德教授讲课。后来，中国著名学者梁实秋到达哈佛大学时，林语堂已经回到中国了。

白璧德在文学批评方面是哈佛大学的权威。在《林语堂自传·哈佛大学》里，林语堂这样评价白璧德教授：

白璧德教授在文学批评方面引起了轩然大波。他主张保持一个文学批评的水准，和 J. E. Springarn 派的主张正好相反。白璧德是哈佛大学里唯一持有硕士学位的教授。因为他学识渊博，他常从法国的文学批评家圣柏孚的 Portroyal 和 18 世纪法国作家著作中读给学生，还从现代法国批评家的 Brunetière 著作中引证文句。他用"卢梭与浪漫主义"这一门课，探讨一切标准之消失，把这种消失归诸于卢梭的影响。

不过，学术本身是自由的，这一点在世界著名的哈佛大学尤其明显。白璧德教授以其渊博的学识在哈佛大学文学批评界举足轻重，很多学生成为白璧德教授的门生，比如后来成为中国著名学者的梅光迪、吴宓和梁实秋等。可是，林语堂在聆听白璧德教授讲课一段时间之后，对白璧德教授倡导的新人文主义的观点提出了异议，随后站到了白璧德教授对立面，开始成为白璧德教授的论敌斯平加恩教授的支持者，凸显了一个从中国福建山区走出来的孩子独立思考、自由奔放的学术精神。十年之后，林语堂在为自己编译的《新的文评》作序时，向读者详细分析了当时在哈佛学术论战的过程。他当时之所以站到白璧德教授的对立面，主要原因是因为斯平加恩非常推崇克罗齐的"艺术就是表现就是直觉"的观点，而这样的观点和林语堂对艺术的看法吻合。在《林语堂自传》里，林语堂这样表达自己的学术观点：

我完全与意大利哲学家克罗齐的看法相吻合。所有别的解释都太浅薄。我也反对中国的文体观念。因为这会把好作品都打落在一连串文章句法严格的"法规"之中，不论是"传"，是"颂"，或是"记"，或者甚至于一个长篇小说。殊不知苏东坡写作时，他别无想法，只是随意写来，如行云流水，"行于不得不行，止于不得不止。"

不过，学术上的争论丝毫不会影响哈佛大学师生之间的情感。林语堂想写一篇文章《批评论文中词汇的改变》，就列出文章的提纲和梗概让白璧德教授审阅。白璧德教授对林语堂的这篇文章评价很高，他告诉林语堂说可以撰写成硕士论文。遗憾的是，没等写出这篇文章，因为生活方面的原因，林语堂就被迫离开了美国。

　　当初，廖翠凤跟随林语堂来美国的途中在"哥伦比亚"号客轮上曾经得过慢性盲肠炎，经过短时间调养痊愈了。可来到波士顿不到半年，廖翠凤的慢性盲肠炎复发了。林语堂不假思索，背起廖翠凤就去了医院。通过检查了解到，廖翠凤之前的慢性盲肠炎已经变成急性的了，必须马上手术。林语堂签字付钱之后才发现，身上只剩下十三美元了。可是，作为丈夫的林语堂为了让妻子安心养病，就对妻子说不过是个小手术，不用担心。可是，等妻子被推进手术室之后，在外面看书的林语堂等了好久没看到妻子出来。后来了解到，美国那个医生因为没有给中国人做过手术，所以先细细研究了一番才开始，这也给后来盲肠炎的再次复发埋下了隐患。

　　廖翠凤在医院住了一个星期的时间，而囊中羞涩的林语堂在家里只能依靠吃麦片充饥。廖翠凤回家后非常感动，马上给二哥发了一封电报要了一千银圆，解了燃眉之急。

　　意想不到的的事情再次发生。廖翠凤做手术因为时间过长发生了感染，需要回医院再做一次手术。这样一来，廖翠凤的二哥汇过来的一千银圆很快就花完了。深知廖家底细的廖翠凤态度坚决地说，不能再对廖家伸手要钱了。对父亲廖悦发非常了解的廖翠凤知道，父亲一向重男轻女，上次没有二哥的劝说，他绝对不会给出嫁的女儿一千银圆的。如果再要钱，不仅得不到钱，说不定还会遭到奚落。

　　此时，走投无路的林语堂想起了一个人，他就是北大的胡适。林语堂和胡适有约定，回国之后去北大任教，此时能不能先向北大预支工资呢？很快，慷慨的胡适汇来一千美元，让身陷绝境的林语堂夫妇兴奋异常。有了这一千美元，廖翠凤的病得以医治，夫妻二人在美国哈佛大学的生活得以维持。在《林语堂自传·哈佛大学》里，林语堂这样描述当时的情景：

第二次手术后，在医院住了很久。我记得那年的 2 月满街是雪，我是设法弄了一辆雪橇把妻接回家的。她康复还家，家人又行团聚，我们庆祝了一番。

接下来发生一件事，让林语堂夫妇就不得不离开美国了。之前国民政府给林语堂每月的四十美元，忽然被留美学生监督施秉元取消了。经过打听，林语堂终于明白了，施秉元是当时中国驻美大使施肇基的侄子，原来是清华校医的他凭借这层关系才做了留美学生监督。可是，满脑子发财梦的施秉元一心去做股票投资，结果把留美学生的津贴费用赔了个精光，将诸多中国赴美留学生推向了生活的深渊，走投无路的施秉元无奈上吊自杀了。

林语堂再次绝望了。此间，他曾经向留美学生的《中国学生月刊》举行的有奖征文大赛投稿，每次能得到二十五美元的一等奖稿酬，连续三次之后，林语堂不好意思再投稿了。

后来，美国主办的"中国劳工青年会"吸引了林语堂的目光，这个机构愿意为林语堂夫妇二人提供从美国到法国的旅费，可以到法国去半工半读，以此来完成学业。林语堂和廖翠凤商议之后，一同来到"中国劳工青年会"提出了申请。

促使林语堂离开美国哈佛大学还有另外一个原因，也是林语堂学业上的事情。林语堂在哈佛大学第一学年结束时，所有科目的学习成绩都是 A 级，顺利通过。当时，系主任看了林语堂在上海圣约翰大学的成绩单之后，感觉林语堂这样的优秀学生还在哈佛学习等于浪费时间，只需要去德国殷内大学研修一门莎士比亚戏剧课程，就可以领取哈佛大学硕士研究生文凭。这个消息让林语堂夫妇二人非常高兴，也坚定了他们去欧洲的信念。

从法国到德国

　　"中国劳工青年会"之所以接受林语堂的申请，原因就是想让林语堂为法国的中国劳工编写识字教材。

　　第一次世界大战后期，中国北洋政府作为协约国一方参加了战争。无力派兵到欧洲直接参战的北洋政府就应邀派出十万名劳工到法国战场，他们的任务是运输并掩埋因战争造成的无人认领的尸骨。第一次世界大战结束之后，法国因为战争丧失了很多青壮年男子，在国家恢复建设之后出现了劳动力异常缺乏的状况，于是，很多中国劳工就因地制宜，滞留在了法国，成为法国经济建设的重要组成部分。由于中国当时教育落后，致使中国的这些劳工在文化方面非常欠缺，亟待提高文化水平。

　　1920年，林语堂夫妇来到法国之后，开始为中国的劳工编写识字教材，努力为提高中国劳工的文化水平做工作。"中国劳工青年会"外面的一栋房子成为林语堂夫妇的临时住所。在《林语堂自传·法国乐魁索城》里，林语堂这样描述当时的情景：

　　为中国劳工编了一本千字课。我们有四五个人在一个饭桌子上吃饭，这几个人里有一个中国厨子，他的一只手老是打哆嗦，所以每一次他手里端着一碟子菜时，你不知道他是要送给你呢，还是要从你手边要回去。青年会里的中国男人可以和法国小姐缔结良缘，因为当时法国男人太缺少了。我和妻住在青年会外的一栋房子里。我们睡的床非常非常之高，而床垫子又非常之厚。这栋房子的缺点是厕所在后花园之外……

　　林语堂没有学过法语，对德语更是一窍不通。可是，林语堂凭借自己的勤奋好学，通过一段时间的下苦功学习，居然能够使用德语为德国殷内大学校方写信，说明自己要入学学习的理由，以学生的名义向德国殷内大学校方提出入学学习申请。在林语堂下功夫攻读德语的时候，妻子廖翠凤在跟一位法国太太学法语，并且二人还成为了好朋友。

　　在工作清闲的时候，林语堂就领着妻子出去走走转转。夫妻二人一起来到凡尔登战场遗迹参观。当初，法国和德国曾经在凡尔登进行了三四年时间的壕沟作战，战斗漫长而残酷。如今，战火已经熄灭。凡尔登到处遗留着刺刀、弹壳、零散枪支零件碎片，似乎在向人们诉说着不久之前在这里发生的惨烈战斗……

　　根据林语堂的女儿林太乙的回忆，当时，廖翠凤在凡尔登战场遗迹转悠时发现了很多遗留的军靴，为此还劝林语堂将脚上已经出现裂缝的靴子脱下来另找一双换上。林语堂第一次惊异地感觉到，自己这位钱庄出身的妻子跟随自己在异国他乡历经一年的漂泊生活之后，已经学会了艰苦奋斗和吃苦耐劳。

　　在法国时，林语堂还有一个愿望，就是妄图在法国寻找到失踪的祖父。他也不知道从哪里获得的消息，言说当初祖父在漳州被太平天国军队拉去当脚夫之后来到了法国。尽管事前知道希望不大，可林语堂感觉这项任务很有趣。或许，当时的林语堂梦想着，忽然有一天一个中国福建漳州籍的老头会出现在身边，并且家庭状况以及经历都符合林语堂的祖父。这个消息要是传到福建的坂仔村，那将是多么令人兴奋的事情？

林语堂为此查找了很多资料，但最终这件事不了了之。毕竟属于道听途说的消息，祖父失踪在哪里，已经无从查证。

林语堂给德国殷内大学的入学申请得到回复之后，夫妻二人就结束了法国之行，坐火车来到了德国东部城市殷内。这里是世界著名诗人歌德的故乡，是一座风光秀丽的大学城，大街上来来往往的多半都是大学生。和海德堡有些相似，殷内的建筑呈现古朴而典雅的欧洲风格，古老的旧城堡，狭窄而弯曲的街道，古色古香的大教堂，都在向人们展示着昔日的辉煌历程。对于刚刚从美国走出来的林语堂夫妇来说，欧洲真是太美丽了。在《林语堂自传·殷内和莱比锡》里，林语堂这样称赞当时眼中的德国：

……我们要用壶和盆洗浴。我忽然想起来，歌德和席勒也是用同样的壶和盆洗浴，但是却写出那么好的诗。我爱上了这旧大陆的风光和声音，和新大陆是那么明显的不同。在美国，不管是在纽约，或是在旧金山，看见的是同样的冷饮柜台里同样的牙刷，同样的邮局，同样的水泥街道。欧洲则变化甚多，在法国罗亚尔河流域，有旧式古城堡，狭窄的街道；有布鲁塞尔的大教堂，比利时列日城繁华的市街，St. Moritz 和 Inetrlaken 的灿烂风光。我对一切古老的东西，古老的风俗、衣着、语言，都是极其爱好，极其着迷。

廖翠凤来到德国办了一件令林语堂非常钦佩的事情，让这位牧师的儿子加深了对钱庄出身的妻子的认识。当时，第一次世界大战刚刚结束，德国属于战败国。有经营钱庄经验的廖翠凤敏感地意识到，德国马克肯定会大贬值，于是她就将手中的所有积蓄都兑换成了美元，来到德国之后再兑换成马克。这样一来肯定会带来不错的收益。可惜的是，廖翠凤出手有些早，并没有得到多大的经济效益。

当时，德国殷内的消费水平不高，林语堂夫妇生活非常悠闲。居住的公寓有壁炉，廖翠凤向房东太太学习生壁炉的技巧，怎样调整炉火使室内全天温暖。廖翠凤在生活方面对林语堂要求比较严格，尤其在衣着方面，从来都整洁无比。夫妻二人有时候手拉手去听课，有时候手拉手去郊游，到了周末还可以到火车站的浴池痛痛快快洗个热水澡。夫妻二人形影不离，以至于有很多人认为他们是兄妹。有一位离婚的女音乐批评家曾经有些惊奇地问林语堂："林先生，你的婚姻是不是出现了什么问题？"

林语堂非常坚定地回答："没有，我和妻子非常恩爱。"

欧洲人非常崇尚自由，这一点让来到殷内大学的林语堂有了深切体会。林语堂在殷内大学没有必要担心考勤和请假之类的事情，包括考试在内，都不用操心，平时听课学习全凭自己，什么时间感觉功课差不多了，就可以向教授提出考试。相比国内，林语堂感觉殷内的大学像天堂一样。在殷内镇，学生比较多，很多学生还喜欢决斗，他们的功课成绩似乎就是皮肤上的伤痕。这些景象都让刚来到这里的林语堂夫妇感觉不可思议，而当地人却感觉很正常。

林语堂夫妇来到歌德故居参观，看到歌德曾经收集的物种演化的资料和一些生活上的物品，内心很受触动。林语堂非常喜欢歌德的作品，诸如《少年维特之烦恼》《诗与真理》等。如今来到歌德曾经居住的地方，林语堂心潮起伏，感慨万千。

此间，林语堂夫妇隐隐约约感觉到在生活方面欠缺点什么：结婚已经一年多了，怎么看不到廖翠凤怀有身孕的迹象？二人小心翼翼商议一番之后，就去德国当地的一家医院做了检查。医生告诉廖翠凤，她有可能一生不会生孩子了。这个消息对于林语堂夫妇来说就像晴天霹雳一般，尤其是廖翠凤，感觉这样的打击太大了：身为一个女人竟然不能生育，似乎人生已经黯淡无光。为此，廖翠凤非常伤心，哭得抬不头来。林语堂除了安慰，也没有其他的办法。

在德国殷内大学学习一个学期之后，林语堂感觉自己的莎士比亚戏剧课程差不多了，就向导师提出了考试结业的请求。经过一番考试和答辩，林语堂顺利完成了学业。按照之前美国哈佛大学的要求，林语堂已经拿到了哈佛大学的硕士研究生学位。

此时，林语堂可以说已经在学业方面有所成就了，但是，他依然没有满足。林语堂了解到德国莱比锡大学在印欧比较语法学方面比较驰名，准备到那里攻读语言学，拿下博士文凭。

博士回国

1922 年，林语堂携妻子廖翠凤来到德国莱比锡大学。

来到德国莱比锡之后，林语堂发现这里的中国留学生并不多。让身居异国他乡的林语堂感觉惊奇的是，莱比锡大学的藏书非常丰富，尤其是中文书籍非常多，而且很多都是林语堂在国内不曾读过的书籍。不仅如此，林语堂还可以通过莱比锡大学借阅柏林大学的中文书籍。这对于从小痴迷中国传统文化的林语堂来说，真有点鱼儿游到了大海里的感觉，从此可以整天泡图书馆了。一名中国的学生，来到德国的大学里来阅读中国书籍，以此来补偿自己少年时代在传统文化方面的缺失，的确耐人寻味。在《林语堂自传·殷内镇和莱比锡》里，林语堂这样描述自己在莱比锡学习中国传统文化的情景：

我前面曾说过我在清华学校时决心读中文。可是后来却以学校的教授身份来到莱比锡大学。在莱比锡大学有一位中文教授（Conrady），他的文言文很可以，但是读现代中国的报章杂志却有困难。他开了一门泰国文法，班上有四五个学生。我觉得德国人遇事讲求彻底认真，居然有学生精研泰文文法。Conrady 博士认为他有一位从北京大学来的我这位同事，颇以此为荣，因此对我热诚欢迎。中国研究室的中文书真是汗牛充栋。我也能够从柏林借到中文书。那时我才开始认真研究中国的音韵学。不久，我就沉迷在《汉学师承记》《皇清经解》，尤其是《皇清经解续编》，这些都是清末体仁阁大学士阮元刻的。我这才熟悉了诸名家的考证注释的著作，其中大家如高邮王氏父子，段玉裁、顾炎武。概括言之，整个清朝的学术趋势是一反明朝的哲理研究，而回到汉朝的说经考证，而且对经书是相信今文，反对古文，因此引起中国经典研究上一个轩然大波。也引起自唐代以来伪经的争论，如《诗经》是根据"毛诗"和《左传》。若是根据西方的语言学来说，认为只有一个版本才正确，是很武断的。在汉初，由秦禁经典之后，一定发掘出来好多版本。国学大师章太炎还是相信经典的古文本为真本。钱穆曾写了一长篇文章，证明喊叫"伪造"经典是不肯细心读汉书的文人的道听途说。这种邪说至今日而愈甚，甚至梁启超不相信有老子其人。胡适之认为红楼梦后四十回为伪造。康有为可算这种怀疑伪造之最大胆者，他竟说六经皆孔子所伪造，因而写出《新学伪经考》。我深幸还不为之动摇。认为《庄子》的前七篇真为庄子所作，其余各篇疑系伪作，而不说明若非庄子所作，《秋水》《马蹄》《胠箧》究系何人所作？证明古书之真正可靠与否，需要更审慎的研究，如此始能符合西方语言学的标准。高本汉（Bernhard Harlgren）氏的《左传真伪考》是应用现代方法的一例

在德国莱比锡大学的这段学习经历，最终成为了林语堂"两脚踏东西文化"成就的重要组成部分。从上面林语堂回忆的文字能够看出，在莱比锡大学图书馆，林语堂读到了在国内难以看到的中国古典书籍，

能够让他从不同的角度研读中国文化历史。

来到莱比锡让林语堂最为揪心的事情，就是生活越来越拮据了。之前在殷内学习生活的费用，基本上都是在法国"打工"时积攒下来的。来到德国之后，这些钱只有支出没有收入，经济上尽管没有陷入困境，可手头不怎么宽裕。出身钱庄的廖翠凤尽管有经济头脑，可以将一块银元掰开两三半来消费，但也有花完的时候。来到莱比锡之后，林语堂的家庭生活基本只能依靠廖翠凤变卖首饰来维持了。当初，廖翠凤出嫁时，母亲了解女婿的家底，就偷偷送给女儿不少陪嫁首饰，以备女儿不时之需，如今真的派上用场了。令廖翠凤想不到的是，欧洲人和中国人在文化方面差异很大，妇女不像中国女人那样喜欢银首饰或者玉器。卖货要找识货人才行，所以，廖翠凤的首饰在莱比锡卖不到理想的价钱。每当卖掉一件首饰，廖翠凤都会心疼好长时间。林语堂只好好言安慰，言说将来挣钱之后一定再买，可换来的却是妻子廖翠凤的一丝苦笑。

在莱比锡，林语堂夫妇还耳闻目睹了德国法西斯残暴迫害犹太人的情景。当时，林语堂夫妇的房东是个犹太人，廖翠凤和房东太太关系很好。房东有一个非常漂亮的小儿子。后来听说，希特勒发迹之后就开始迫害犹太人，已经二十来岁的房东小儿子就被杀死了。房东太太想办法逃到了英国伦敦。可是，对故乡念念不忘的房东太太还挂念着德国莱比锡的东西，就特地跑回来一趟。这次回来，正赶上法西斯处理她的房子，结果她就被活活地埋葬在里面——那座房子，林语堂夫妇曾经租住过。

林语堂在莱比锡还遇到过"性骚扰"事件。当时正逢莱比锡的出版工业展览，欧洲的出版商几乎都参加了。当时，林语堂夫妇在莱比锡郊外居住，而这个房东太太已经守寡多年，具有色情狂倾向。她几乎每时每刻都要抽烟喝啤酒，头脑清醒的时候少之又少。有时候，房东太太就强行拉着林语堂，然后细细讲述一些她和情人之间的事，言语间还夸赞情人是歌德式的文学天才，还让林语堂看自己创作的诗歌。有一次，房东太太看到林语堂从房门经过，竟然故意摔倒在地，然后神色暧昧地请求林语堂过来搀扶自己。吓得林语堂赶紧招呼妻子廖翠凤来帮忙，此时房东太太就自己站起来了。让林语堂感到欣慰的是房东的女儿。此时她已经长大成人，对于母亲的出格言辞和行为非常厌恶，时常批评母亲让她注意自己的言行举止。

　　这段时期出现了一件令林语堂夫妇异常兴奋的事情：廖翠凤怀孕了！自从在医院验证得到这个消息之后，廖翠凤就像换了一个人一样，每天都喜笑颜开，脸面宛如盛开的鲜花一般。回想一下，廖翠凤自从跟着林语堂漂泊海外，先到美国，后来又从法国来到德国，从小在厦门钱庄别墅家里生活舒适的她就开始了颠簸流离的生活，身边打交道的几乎都是金发碧眼的"洋人"。之前在廖家生活无忧的廖翠凤时常要为夫妻二人的生活操心不说，经济上还时常出现"朝不保夕"的情况。这种状态下，廖翠凤心里时常像绷着一根弦，鲜有放松的时候，即便有时候脸上出现笑容，也不一定是真心实意。尤其在殷内听到自己终生无法生育的消息，真像五雷轰顶一般。如今，廖翠凤怀孕了，她能不从内心乐开花吗？

　　高兴之余，林语堂夫妻二人再次陷入沉思。之前在美国时，因为盲肠炎住医院花费了很多的钱财。这次生孩子如果去医院的话，说不定还要花费很多的钱财，而此时夫妇二人在经济上已经非常拮据了。商议再三，林语堂决定让妻子回国分娩，这是唯一的办法。

　　"我要回家去生孩子，不然孩子生下来要变成德国人了。"

这个原因很重要，因为按照当时德国的法律，在德国生下的孩子就是德国籍。思乡心切的林语堂和廖翠凤不希望这样，所以必须在孩子出生前回到祖国。可是，这样一来，必须在孩子出生之前拿下博士文凭，林语堂就要在学习方面付出非常大的努力和艰辛。

为了生活，从来不惧怕考试的林语堂下了决心，开始了攻读博士。

几个月下来，踌躇满志的林语堂就向莱比锡大学校方提出博士考试的申请。胸有成竹的他事前还和妻子一起预订了归国的船票。在《林语堂自传·游学之年》里，林语堂这样描述当时的情景：

我们预定在考试完毕那一天的晚上，即行离开莱比锡，到威尼士、罗马、拿波利等处游历两星期。我仍然具有从前坚定的自信力。这一场博士论文考完，最后的口试，我由一个教授室跑到别一个教授室，至十二点钟出来。我妻已倚间而望。"怎么样啊？"她问。"合格了！"我答。她就在大街上给我一吻，双双并肩同到 Rathaus 餐室吃午餐。

夫妻二人就要回到阔别几年的祖国了。回想三年前，新婚不久的林语堂和廖翠凤在上海登"哥伦比亚"号客轮去美国的情景，似乎还在昨天。如今，夫妻二人各有收获：妻子廖翠凤已经怀孕，林语堂已经在学业方面成为博士，夫妻二人真是"满载而归"。1923 年夏天，感慨万千的林语堂和廖翠凤踏上了归国的客轮。

根据林语堂的女儿林太乙的回忆，林语堂从德国回到祖国福建坂仔村时，林语堂的母亲健在，她伸出枯瘦得只剩下骨头的手紧紧拉住小儿子，眼泪像断线的珠子一般往下落说："回家就好，回家就好。"

林语堂来到父亲林至诚的坟前祭奠之后，还特地来到二姐美宫的坟前看望。悲痛之余，林语堂回想起儿时父亲编织的梦想和二姐的叮嘱。如今，小和乐已经变成林语堂博士了，替他们完成了心愿。

　　廖翠凤回国之后回到厦门娘家生孩子。第一次生孩子都不容易，廖翠凤历尽艰辛，终于生下一个女儿，林语堂给女儿取名"林凤如"。

　　廖翠凤坐完月子之后，按照事前与胡适的约定，林语堂一家三口来到了北京。林语堂要到北京大学任教。

第三章

在中国文坛

在北大

　　1923 年 9 月，二十八岁的林语堂按照之前与胡适的约定，来到北京大学任教。之前在北京，林语堂只是清华大学普普通通的英语老师。如今，林语堂已经今非昔比，哈佛大学的硕士文凭和莱比锡大学语言学博士文凭让他成为北京大学的佼佼者。北京大学聘任林语堂为外文系教授，同时兼任北京女子高等师范学校讲师。

　　林语堂来到北大就想找到胡适，准备当面感谢胡适慷慨解囊的恩情，没想到当时胡适去南方养病了。无奈之下，林语堂就找到了时任北京大学教务长的蒋梦麟，通过蒋梦麟了解到胡适的资助完全是自己掏腰包。这件事，林语堂对别人再也没有提及。在胡适去世后，林语堂才公开了这个秘密。

　　来到北京大学外文系的林语堂很快发现，五四运动浪潮已经过去，而新文化运动正在如火如荼地进行。中国的知识分子，尤其是文化领域的知识分子基本都在关注这场运动，从思想上不知不觉地分成两个类别，即支持或者反对。而在支持新文化运动的知识分子里面又从不同的角度分出不同的类别。当时，北京大学是中国文化的高地，面对新文化运动自然也分成了两派。在《林语堂自传·三十年代》里，林语堂这样描述当时的形势：

北京大学的教授出版了几个杂志，其中有《现代评论》，由胡适之为中心的若干人办的；一个是颇有名气的《语丝》，由周作人、周树人、钱玄同、刘半农、郁达夫等人主办的。胡适之那一派之中包括徐志摩、陈源（西滢）、蒋廷黻、周甦生、陶孟和。说来也怪，我不属于胡适之派，而属于《语丝》派。我们都认为胡适之那一派是士大夫派，他们是能写政论文章的人，并且适于做官的。我们的理想是各人说自己的话，而"不是说别人让你说的话。"（我们对他们有几分讽刺）对我很适宜。我们虽然并非必然是自由主义分子，但把《语丝》看作我们发表意见的自由园地，周氏兄弟在杂志上往往是打前锋的。

林语堂的文化观点比较倾向于鲁迅和周作人，自然和《语丝》杂志的一些撰稿作家成为一个派别。正如在美国哈佛大学学术观点方面站在自己导师的对立面一样，林语堂在北大新文化运动中也站在了昔日为支持自己在国外学业深造而慷慨解囊的恩人胡适的对立面。没办法，这个福建山区走出来的孩子个性鲜明而奔放，在学术方面似乎不愿意受到其他任何因素的干扰，旗帜鲜明地和坚持自己的观点的人站在一起，态度坚决且立场坚定。

从南方回到北大的胡适看到林语堂时就说了一句话：我们回国了，一切都将大不同。当时，胡适极力提倡白话文的创作。他在《现代评论》杂志上发表不少现代白话文和白话诗歌，很得年轻人的喜爱和追捧。可是，从胡适的文章观点可以看出，其对于当时的北洋政府持支持态度，他在一些文章中坚持的一些政治理念明显倾向于当时的北洋政府，无怪乎林语堂称之为士大夫派，也称《现代评论》派。相反，鲁迅的文章"火药味"十足，政治观点明显倾向于人民大众，和北洋政府的政治立场有着明显的不同。在文章中，鲁迅不断用辛辣的言辞抨击北洋政府的一些做法。诸如《狂人日记》《我之节烈观》，以及后来的《纪念刘和珍君》等，一篇篇文章都像炸弹一样让北洋政府为之头疼。这一派别作家的文章大多都在《语丝》杂志发表，所以称为《语丝》派。

双方最为明显的论战基本在《语丝》与《现代评论》两份杂志中展开，最为明显的莫过于北洋政府对游行示威学生大开杀戒的事情上，双方所持有的观点明显不同。胡适主编的《现代评论》明显支持北洋政府，结果引起北大师生的无比愤怒。在这件事情上，《语丝》杂志表现出来的态度就是支持学生。为此，鲁迅撰写文章说要"痛打落水狗"。在《林语堂自传·三十年代》里，林语堂这样描述当时的情景：

北京当年人才济济，但《语丝》社和《现代评论》社诸同人，则各忙于自己的事。我们大家都是适之先生的好朋友，并且大家都是自由主义者。在外人看来，这两个杂志之间那种似乎夸大的对立，事实上，只是鲁迅和陈源的敌对而已。对3月18日段祺瑞北洋政府的屠戮学生一事，《现代评论》是采取亲北洋政府的态度，《现代评论》这种只顾自己利害的态度，激起了我们的愤怒，才对他们发动抨击。后来我们之中有人喊出"不要打落水狗了。"鲁迅却说："落了水的狗也要打。即使是学会向主人摆尾巴的北京狗也要打。"他的原文已记不清楚，大意如此。

贫苦农家出身的林语堂站在了鲁迅这一方。按照林语堂的回忆，他们通常是两周时间后的礼拜六下午聚会一次，一般都在北京中央公园来今雨轩的松树林里（来今雨轩当时是北平名噪一时的茶楼，名称来自杜甫名句"旧雨来今雨不来"）。聚会时，大儒们对近两周以来的文化观点和时政情况纷纷发表自己的看法，谈论自己的观点。会上不乏中国人几乎人人熟识的、"留着小胡子"的鲁迅和其弟弟周作人言辞犀利的讲话。当时，鲁迅兄弟二人因为周作人日本太太的事情关系一度非常僵持，因此兄弟二人很少在一起聚会。林语堂感觉别人家的私事，不应该随便乱说。

值得一提的是，北京大学的文化人对待新文化运动分成两个派别，而还能在一所大学里上课，难道不会让学生感到迷茫？这个问题要归功于当时的校长蔡元培。

蔡元培是清朝举人出身，学识渊博。林语堂之前在清华学堂担任普通教员时就对蔡元培留下了很深的印象。当时，很多知识分子都在为中国北洋政府在凡尔赛合约上将山东半岛送给日本痛恨不已，都在慷慨激昂表示抗议，有的人还失声痛哭。蔡元培站起身来温和地说了一句话："抗议是没有用的，我们就应该集体辞职。"令林语堂感到惊奇的是，蔡元培在第二天就辞职并离开了北京。林语堂为此非常钦佩蔡元培，他不怒而威的神情、学贯中西的学识、光明磊落的处事原则，最终把学术派别林立的北大管理得井井有条，并让当时的北大成为中国文化思想的高地，成为学术自由的理想场所。

就这样，在北京大学的教室里，很多大儒们都在从自己的观点出发来给学生讲课，阐述自己的学术理念。比如，依然还留有清朝辫子的辜鸿铭在前一节课堂上向学生们介绍中国传统女人裹脚的好处，而下一节课就是身穿长衫的鲁迅在用风趣幽默的腔调大谈传统旧文化如何坑害中国人，而随后的一节课则是西装革履的归国学子在向学生宣扬西方男女平等的自由生活……活泼而生动的讲课内容，丰富而多彩的学术理念，让北大学子在众多学术观点中判断，去选择符合自己观点的学业道路。思想观点鲜明的林语堂很喜欢这种自由的学术风气，从小喜欢和别人争论的他站在鲁迅的观点一边，开始撰写文章抨击社会的黑暗面，替劳苦大众说话。

当时还发生了一件事，让林语堂和鲁迅的关系更加密切了。1925年10月26日，北京各学校和人民群众团体五万多人在天安门游行示威，抗议北洋政府段祺瑞邀请包括美、英、法等西方十二个国家参加"关税特别会议"，要求国家关税自主。北洋政府出动巡警阻止，随后与游行队伍发生冲突，出现流血事件。第二天，北京各个媒体报纸纷纷对这次事件进行了报道，其中有这样的文字："……周树人（北大教员）齿受伤，脱门牙二。"鲁迅是文化界名人，著名作家，所以他的受伤一时间成了当时媒体的焦点。到第三天，有关报纸再次对这件事情进行了报道，并进行了"确认"："北大教授周树人（即鲁迅）门牙确落两个。"身在北京大学的林语堂接二连三看到这样的报道，加之26日（隔两周的中央公园来今雨轩茶楼聚会）在聚会时没有看到鲁迅，因此心里非常担忧。林语堂和关心鲁迅的语丝派文人、一些学生纷纷到医院或者鲁迅的家里去慰问，有的人还专门让鲁迅张开嘴看看门牙是否掉了。看到鲁迅平安无事，大家这才放心。林语堂这才回过味来：这是一些别有用心的文人在借鲁迅的门牙做文章，以此"幸灾乐祸"来报复语丝派。林语堂了解到，鲁迅写文章《从胡须说到门牙》回击了各个媒体的报道，于是，林语堂就另外写了一篇杂文《谬论的谬论》，直接抨击当时的教育当局，原因是当时的教育总长章士钊要求小学生每天需要读四书五经，这种"读经救国"意在抨击新文化运动，走与新文化背道而驰的学业道路。林语堂在《谬论的谬论》中对"读经救国"

进行了严厉抨击，呼吁倡导新文化运动的开展。

也正是在这段时期，林语堂的妻子曾经奉劝自己的丈夫："你就踏踏实实教书不好吗？少管闲事好好过日子。"林语堂却说："学者自然要有学者的尊严。"林语堂用实际行动来反对诸如《现代评论》派"倚门卖笑，双方讨好"的"和事佬"学者风格。

从当时北京大学师生们思想的变化上，可以看出当时中国人民从封建王朝向民国共和时代转化时期的思想变化过程。引领思想潮流的是大都市里的大学文人，尤其是当时的北京大学，正处于中国的思想前沿。思想激进的文人引领了新文化运动的发展，紧跟其后的则是中国的民众，最终将新文化、新思想扎根于中国人的心中。

无论中国文化思想怎么发展，都难以否认新文化运动在中国传统文化发展中的作用。这次文化运动是中国近代文化领域的一次革命，将中国传统文化融入了现代理念，也因此涌现出了一批"新文化大师"。毛主席曾经说过，胡适在新文化运动中是做过一定贡献的，足见胡适在新义化运动中的作用。而不可否认的是，鲁迅先生是新文化运动的排头兵，林语堂也为之做出了应有的贡献。

《语丝》点滴

　　《语丝》杂志创刊于 1924 年 11 月 17 日，是文学周刊，在新文化运动中起到不可估量的宣传和引导作用。其主编开始是孙伏园，后来是鲁迅的弟弟周作人，主要撰稿人有鲁迅、周作人、林语堂、钱玄同、刘半农等，几乎囊括了当时中国多半现代文学家。《语丝》刚刚创刊时，销量并不被看好。可是，随着杂志内容的不断更新，其激进奔放的文学理念很快站稳了脚跟。后来，《语丝》杂志每出一期，肯定就会被学生或者老师抢购，逐渐成了当时文学界的排头兵。

　　《语丝》的创刊宗旨，旨在倡导新文化运动，"提倡新文学"，在一定程度上引领了当时中国文化的走向，在中国文学史上具有很高的成就。周作人在《语丝》发刊词里这样写：

　　我们几个人发起这个周刊，并没有什么野心和奢望。我们只觉得现在中国的生活太是枯燥，思想界太是沉闷，感到一种不愉快，想说几句话，所以创刊这张小报，作自由发表的地方。我们并不期望这于中国的生活或思想上会有什么影响，不过姑且发表自己所要说的话，聊以消遣罢了。

我们并没有什么主义要宣传，对于政治经济问题也没有什么兴趣，我们所想做的只是想冲破一点中国的生活和思想界的浑浊停滞的空气。我们个人的思想尽自不同，但对于一切专断与卑劣之反抗则没有差异。我们这个周刊的主张是提倡自由思想，独立判断，和美的生活。我们的力量弱小，或者不能有什么着实的表现，但我们总是向着这一方面努力。

这个周刊由我们几个人担任撰稿，我们所想说的话大抵在这里发表，但国内同志的助力也极欢迎。和我们辩驳的文字，倘若关于学理方面的，我们也愿揭载，至于主张上相反的议论则只好请其在别处发表，我们不能代为传布，虽然极愿加以研究和讨论。

周刊上的文字大抵以简短的感想和批评为主，但也兼采文艺创作以及关于文学美术和一般思想的介绍与研究，在得到学者的援助时也要发表学术上的重要论文。

我们唯一的奢望是，同志逐渐加多，文字和经济的供给逐渐稳固，使周刊成为三日刊，二日刊以至日刊：此外并无什么宏愿。或者力量不及，由周刊而退为两周刊或四周刊，以至于不刊，也说不定：这也是我们的预料之一。两者之中到底是哪样呢，此刻有谁能够知道？现在也大可不必管它，我们还是来发刊这第一号吧。

《语丝》创刊不到一个月时间，以胡适为首的一些北大教授创刊了《现代评论》。两份文学杂志在思想内容方面存在一定的差异，也让这两份杂志成了当时北大思想论战的焦点前沿，这一点在上节内容已经有所描述。需要说明的是，北京大学倡导学术自由，具有不同学术观点的师生尽管在学术理念上形同水火，但在生活方面同样是好朋友。《语丝》和《现代评论》双方在文章内容上都充满"火药味"，可是《语丝》曾经刊登过胡适的文章，而《现代评论》同样不拒绝《语丝》派作家的投稿。

《语丝》杂志的文章题材以杂文和散文为主，内容涉及当时的社会现实，这种自由奔放的思想非常符合从福建山村走出来的林语堂的个性。林语堂在《语丝》杂志似乎也寻找到了儿时的顽劣个性，因此，刚进北大的林语堂就被《语丝》里面的文人作家的文学观点吸引住了。按照正常的想法，林语堂进北大外文系，主要是胡适的引荐，另外，林语堂在外国留学时，胡适自掏腰包给予其很大帮助。从这个角度上说，林语堂应该知恩必报，应该加入到胡适的《现代评论》"派别"里，可林语堂经过反复斟酌，感觉自己的思想和个性比较符合《语丝》派的理念，即"随意地说话"，所以就义无反顾加入到了《语丝》派。比如，林语堂此期间创作的一首具有讽刺意味的歌词《咏名流》，曾经名噪一时，俨然一副《语丝》派"无所顾忌"的思想风格：

他们是谁？

三个骑墙的勇士，

一个投机的好汉；

他们的主义：

吃饭！吃饭！

他们的精神：

不干！不干！

他们骑的什么墙？

一面对青年泣告，

一面对执政联欢；

他们的主张:

骑墙! 骑墙!

他们的口号:

不忙! 不忙!

他们的态度镇静,

他们的主张和平,

拿他来榨油也榨不出

什么热血冷汗;

他们的目标:

消闲! 消闲!

他们的前提:

了然! 了然!

他们的胡须向上,

他们的仪容乐观,

南山的寿木也装不下

那么肥厚嘴脸;

他们的党纲:

饭碗! 饭碗!

他们的方略:

不管! 不管!

当时, 鲁迅在北大研究所国文系担任教授, 住所在西四砖塔胡同61号; 林语堂在北大外文系教课, 住所在朝阳门内南小街小雅宝胡同39号。大家平时各有各的工作, 很少见面叙谈。只有在每隔两周的来今雨轩茶楼聚会上, 林语堂才有机会和当时中国的"文坛巨匠"相互交流。每次到这样的时候，他们都会要一壶茶，一盘瓜子，然后随意闲聊。话题不乏社会问题和其他一些较为敏感的话题。林语堂细心观察各位文学大家的风采和谈吐，从中学习他们的思想观点和言辞风格。慢条斯理而平和、声音低而缓慢的周作人，诙谐幽默、时常穿一件黑色长衫、面容好像吸过大烟一样的鲁迅，特别崇尚西方文化的钱玄同，撰写著名歌曲《教我如何不想她》而没有学历、被人说一句"也算北大教授"之后一猛子扎到欧洲拿了个博士文凭归来的刘半农，性格狂放、时常到北京"八大胡同喝花酒"的郁达夫……和这些文学大家一起闲聊，林语堂颇感受益匪浅。期间，他们有时候还吃饭喝酒，体现文人的豪放。

在文学创作方面，鲁迅很注意培养文学新人，他发现林语堂的文学潜力之后就开始精心培养。之前，林语堂在清华学堂担任普通教员时曾经写过几篇关于新文化运动的文章，可身居国外几年让林语堂和祖国文化疏远了，回国之后需要学习、锻炼。和鲁迅兄弟、刘半农、钱玄同等人相比，林语堂属于文学新秀。

林语堂在鲁迅的指导下下功夫练习中文写作，很快成为《语丝》杂志社的精英，开始在中国文坛崭露头角。

1925 年 3 月，孙中山先生在北京逝世，举国悲痛。北京市人民自发组织起来护送孙中山先生的灵柩送葬。当时，林语堂也在人群队伍里，他瞻仰了伟大先行者的遗容，还亲眼目睹了身穿孝服、神色坚毅的宋庆龄跟在灵车后面。可是，北洋政府在一些报纸上诋毁孙中山先生"蹂躏人民自由十倍于军阀"，林语堂马上撰写文章《论性急为中国人所恶》《一点浩然气》等，为孙中山先生正名，伸张正义。

这一年的 5 月，上海、青岛一些日本资本家为了镇压工人，制造了流血事件。后来，事情发展演变成了震惊中外的"五卅惨案"。当消息传到北京时，林语堂看到照片上尸首横卧在大街上，马上义愤填膺。北京的学生通过联络开始了支持上海、青岛工人运动的行动。此间，鲁迅先生撰写发表文章《补白（三）》支持"五卅运动"。林语堂做了一些小旗子，和游行队伍一起抗议帝国主义的罪恶行径，他还撰写并发表文章《丁在君的高调》抨击《现代评论》里丁在君（备注：丁文江，字在君，当时供职于北洋政府）文章的观点。在这篇文章中，林语堂这样抨击丁在君：

……丁先生的文章也有几段犯了"高调"的嫌疑，凡知识阶级想不到的，丁先生却想得到，"学生读书要紧"，"抵制外货我们吃大亏"，"罢市只需罢一二天"，这些都是知识阶级见不到丁先生首先见得到（此等见解独到处，已由丁先生自己圈点）。但是丁先生到底是研究办法，不用感情的人……

林语堂在文章中指名道姓抨击北洋政府，足见其思想上的激进，也因此给自己增添了政治上的压力。

"五卅运动"血淋淋的现实给了《语丝》派文学家们巨大的震撼。之前，林语堂还和钱玄同讨论中国民族的"劣根"问题。如今，外国资本家用刀枪在我国的民众头上随意挥舞，随意欺负我们的劳苦大众。林语堂感觉，自己应该站起来，用手中的笔来"唤醒民众"，这是时代交给自己的责任。

1925 年 10 月 26 日是《语丝》杂志创刊第 50 期纪念日，这是一个值得庆贺的日子。林语堂与《语丝》杂志的文学家同仁们欢聚一堂。漫谈会上，林语堂做了一番讲话，主张《语丝》应该扩展内容，反击《现代评论》所谓的"正人君子"们倡导的"勿谈政治""读书救国"论调。碰巧，这段时间又发生了鲁迅的"门牙事件"（上节已经有所描述）。

林语堂就将自己在《语丝》"五十大寿"漫谈会上的讲话，结合当时的实际情况，写了《谬论的谬论》发表在《语丝》第 52 期上。

　　《语丝》杂志在 1927 年 10 月被奉系军阀张作霖查封，编辑部被迫从北京转到了上海。不过，上海的《语丝》与之前北京《语丝》相比，文章思想内容方面比较"偏文学"一些，政治倾向性也没有之前那样鲜明了。

打"落水狗"的急先锋

　　林语堂从国外留学回到北京，除了担任北京大学外文系教授，还兼任北京女子高等师范学校的讲师。当时，北京女子高等师范学校的校长是许寿裳。后来，许寿裳因为支持学生运动遭到北洋段祺瑞政府的通缉，愤然离职，继任者则是杨荫榆。

　　杨荫榆，无锡人，是现代著名作家、学者杨绛的三姑母，其早年因为遭遇不幸的婚姻让其发誓终生不嫁人。杨荫榆曾经到日本高等师范学校和美国哥伦比亚大学留学学习。或许是因为"独身"思想的影响，杨荫榆封建家庭文化思想非常浓厚，并且性情冷酷，个性鲜明。担任北京女子高等师范学校校长以来，杨荫榆就把学校当作家庭，时常披着黑色斗篷像幽灵一般在校园"侦察"女学生在男女情感方面的"不轨言行举止"，时刻准备将"违反校规"的师生"绳之以法"。杨荫榆这种"苛刻"的学校管理制度与当时提倡民主自由的北大形成鲜明对比。另外，杨荫榆冷酷的性格让女学生很难接受，比如有位女生得了猩红热，因为之前曾经和杨荫榆出现过言辞顶撞而被禁止离校，最终导致在学校死亡。为此，北京女子高等师范学校的广大师生对杨荫榆非常反感，当然也包括林语堂。

1925年3月12日，革命先驱孙中山先生在北京逝世，北京各界都在准备公祭。消息传到北京女子高等师范学校，师生们一片悲痛，有的女生当场晕倒在教室里。为了响应北京各界的公祭，女师大学生决定由学生会代表向学校集体请假，结果遭到校长杨荫榆的断然拒绝。被激怒的学生们决定即便被开除也要参加孙中山先生的公祭。学生们最终列队走出校园，满怀悲愤参加了悼念孙中山的公祭大会。

4月，司法总长兼教育总长章士钊发出"整顿学风"的号令，杨荫榆欣然接受，她准备借助章士钊的"东风"在5月7日这天"杀一杀学生的威风"，因为这天是北洋政府签订卖国条约《二十一条》的日子，是"国耻日"，学生肯定要游行。那天，杨荫榆首先召开大会，结果被学生们轰了下来。恼羞成怒的杨荫榆第二天张贴公告，宣布开除刘和珍、许广平等六名学生会代表。

杨荫榆的行为再次激怒了女师大的学生们，她们在学校操场上召开大会，宣布不承认杨荫榆是校长，随后封闭了杨荫榆的校长办公室，张贴布告拒绝杨荫榆进入女师大校门。

女师大驱赶校长的事件引发了北京各大媒体报纸的议论，他们纷纷发表文章批评学生。这时候，《语丝》杂志社的很多撰稿人都在女师大兼课，女师大的学生纷纷请求《语丝》杂志声援。于是，以鲁迅为主的《语丝》派作家纷纷在北京报刊上发表文章，以此声援北京女子高等师范学校的行动。期间，林语堂也不断利用《语丝》派作家聚会的机会，向大家发表自己的看法，声援女师大的行动。

气急败坏的杨荫榆联合总长章士钊，公然带领巡捕和打手袭击了女师大学生会干部，造成七名重伤，随后强行占领女师大校舍。消息传出，语丝派文学家们马上成立"女师大校务维持会"，帮助女师大学生租赁房屋上课。

到了这一年的冬天，南方的革命浪潮影响到了北京。北京各界纷纷集会，革命火焰开始燃烧起来。女师大学生再次站了起来，加入到北京"驱逐段祺瑞"的游行队伍中。林语堂义无反顾加入到了游行队伍中。当政府军警和游行队伍发生冲突时，几十年前祖母用一条扁担打退十几个匪徒的精神在林语堂身上重现了。在《林语堂自传·由北平到汉口》里，林语堂这样描述自己的经历和内心的感受：

我也加入学生的示威运动，用旗竿和砖石与警察相斗。警察雇用一班半赤体的流氓向学生掷砖头，以防止学生出第三院而游行。我于是也有机会以施用我的掷棒球技术了……

在这次冲突中，林语堂头部受了伤，还流了血。回到家里，妻子廖翠凤非常心疼，马上斥责丈夫，不许林语堂再出去。可是，充满激情的林语堂哪里能在家里待下去？

北京的革命浪潮终于取得成果，段祺瑞宣布要改组政府，章士钊、杨荫榆纷纷离开北京。女师大师生抓紧机会返回校园，林语堂被师生推选为教务长，胜利的喜悦氛围萦绕在女师大和林语堂的心头。此时，年轻的林语堂感觉彻底胜利了，就同意周作人的提议，主张对"落水狗"应该采取"费厄泼赖"精神（音译词，意思是不要穷追猛打）。可是，在革命斗争中身经百战且经验丰富的鲁迅主张要痛打"落水狗"。

果不出鲁迅所料。1926 年元旦来临之前，北京的一些所谓"正人君子"们就开始聚会，随后成立了"教育界公理维持会"，后来改成"国立女子大学后援会"，他们发表文章，口口声声说要为教育界"主持公道"，言辞之间污蔑支持女师大的《语丝》教授学者为"土匪"。林语堂马上站了出来，他撰写文章《祝土匪》《插〈论语丝〉的文体——稳健、骂人及费厄泼赖》来反击那些所谓的"正人君子"们。在《插论〈语丝〉的文体——稳健、骂人及费厄泼赖》一文里，林语堂这样写：

　　……此种"费厄泼赖"精神在中国最不易得，我们也只好尽力鼓励，中国"泼赖"的精神就很少，更谈不上"费厄"，因为有时，所谓不肯"下井才受石"带有此意。骂人的人却不可没有这一样的条件，能骂人，也能挨骂。且对于失败者不应再攻击其个人。即使仪哥，我们一闻他有了痨病，尚有《语丝》的朋友要写一封公开的信慰问他，我也是赞成的。最可恶的 Kipling，昨天看见他有肺膜发炎之症，我们害死希望他早"痊愈"。大概中国人"忠厚"就略有"费厄泼赖"之意，惟"费厄泼赖"绝不能以"忠厚"二字了结它。此种健全的作战精神，是"人"应有的，与放冷箭的伎俩完全不同……

　　元旦之后，林语堂还在《京报副刊》刊登自己画的《鲁迅先生打叭儿狗图》。画中，留着小胡子的鲁迅先生拿着竹竿正在猛打一条在水里挣扎的落水狗。《语丝》派作家们看到这幅画，都在为林语堂叫好。

　　1926 年 3 月 12 日，日本军舰进逼天津。四天之后，日本联合美、英、法等组成了新的"八国联军"，借口中国国民违反《辛丑条约》，向段祺瑞政府提出赔款等无理要求，引起北京人民的无比愤怒。3 月 18 日，北京各界集会到天安门广场情愿。刘和珍代表女师大学生们向林语堂教务长请假参加集会，林语堂欣然答应。令他想不到的是，惨案发生了。林语堂在《林语堂自传·由北平到汉口》里这样描述自己亲眼所见的事实和内心的感受：

　　在这时期还有两件可述的大事。一是政府围堵请愿的学生，枪杀两位女生及伤残五十多个学生。他们埋伏兵士，各提大刀和铁链，等候学生抗议游行到执政府，然后关起外门挥鞭动剑，在陷阱中置他们于死地。那时的情景值得一篇特写文章。我个人亲见一个女生（刘和珍）于下午一点钟时安放在棺木内，而在十二点时，我还看见她欢天喜地的游行和喊口号呢。还有一宗大事就是孙中山先生的出殡——这事令我震动于心比其他什么事都厉害。

关于刘和珍女士和杨德群女士的慷慨赴死义举，中国人熟悉的鲁迅先生的《纪念刘和珍君》一文中有详细的介绍。这里要说的，是当时悲愤之余的林语堂也写过一篇《悼刘和珍杨德群女士》，里面详细介绍了林语堂与刘和珍女士交往的片段。这篇文章被《语丝》杂志排在72期卷首发表，足见《语丝》杂志对林语堂这篇文章的重视。下面，我们摘录一部分，从中了解一下生活中的刘和珍女士：

三月十八日即她死的早晨八时许，我还得了刘女士的电话，以学生自治会名义请我准停课一天，因为她说恐怕开会须十一时才能开成，此后又恐怕还有游行，下午一时大家赶不回来。我知道爱国运动，女子师范大学的学生素来最热烈参加的，并非一班思想茅塞之女界所可比，又此回国民大会，纯为对外，绝无危险，自应照准，还告诉她以后凡有请停课事件，请从早接洽，以便通知教员，不知道这就是同她说话的末一次了。到下午二时我因要开会到校，一闻耗即刻同许季茀（fú）〔即许寿裳（1882—1948），字季茀，浙江绍兴人，教育家〕先生到国务院，而进门开棺头一个已是刘女士之尸身，计前后相距不过三数小时。闭目一想，声影犹存，早晨她热心国事的神情犹可涌现吾想象间，但是她已经弃我们而长逝了。

刘女士是全校同学敬重的领袖，因为她的为人之和顺，及对于校事之热心，是全校同学异口同声所称赞的。功课上面很用功，是很想自求进益的一个人，看见她的笔记的人大都可以赞同，而且关于公益事宜尤其是克己耐苦，能干有为，足称为中国新女子而无愧。我本知她是很有希望的一个人才，但是还不十分知道底细，到许季茀先生对我详述，才知道她是十分精干办事灵敏的女子。上回女师大被章刘毁残，所以能坚持抵抗，百折不挠而有今日者，实一大部分是刘女士之功，可称为全学革命之领袖。处我们现今昏天黑地，国亡无日，政治社会思想都须根本改造的时期，这种热心有为，能为女权运动领袖的才干，是何等的稀少，何等的宝贵！

记得有一天很冰冷的晚上，到十时，刘女士才独自一人提了一个极大的皮箱来我家里。这是两月前女师大演剧的第二天，是为还借用的衣服来的。因为到各家去分还，所以跑到这里来已经时候很晚而十分疲倦了，但是她还是说"不累"，仍旧笑容的谈到前夜演剧的情况，个人的劬劳，好像全不在心上。我方明白女师大之所以能有奋斗到底的成绩，是因为有这种人才。

在我的书桌上，有一本刘女士的英文作文簿，是她死的前一日交来的，一直到现在总是不忍翻开看。今天毅然开看，最后一篇的题目是："Social Life in the College"，后记 Mar, 16, 1926，就是她死前二天做的。刘女士每对自己的英文懊悔程度太差，以前旷课太多，其实一看她的英文倒是很流畅通顺的。这一篇文中有很可引起我们感叹之语。很可以使我们知道她求学的心切，及上回因受摧残而旷学是如何逼不得已之事。里头有一段说（尽依原文，未改只字）：

"It is said, the most happy day is the period of student.I can' tagree with it.I believe that here would never be any happy day in the world, and that the period of student is also trouble.

"For example, our school, Peking National Teachers, College for Women, has been always in disturbance, since I entered.I am afraid of recollecting the life of past in the college.

"Now our school being more comfortable than before, I am preparing to make myself quiet in studying.But it is heard, the new minister of education, Mr.Ma Chun Wu, will be contriving to disturb the educational circle.The peaceful condition, as present time, will not be keep (kept) by us.Oh, how horrid it is!"

"三一八"惨案发生之后，痛心疾首的林语堂写了《闲话与谣言》《打狗檄文》等文章，抨击污蔑学生运动的反动文人。随着政治形势的加剧，北大的形势更加紧张，林语堂不得不离开北京了。

短暂的"从政"生涯

1926年，随着"三一八"惨案的发生，北京局势日趋紧张，北洋政府与民众之间对立程度更加严重。4月，段祺瑞政府被国民革命军赶走，奉系军阀张宗昌进驻北京。

张宗昌被人称为"狗肉将军""混世魔王""五毒大将军"等，从这些绰号可以了解到此人做事不考虑后果，我行我素。果然，张宗昌来到北京后，首先就将平时在报纸上敢说真话的编辑记者邵飘萍、林白水抓到了监狱，随后在当夜十二点就枪毙了。接下来，北洋政府给张宗昌提供了一个黑名单，上面有五十四个人，其中就有著名的中国共产党创始人之一的李大钊，也有林语堂。

当时，林语堂家住在北京东城船板胡同，听到风声的林语堂预先准备好了一个绳梯，做好了越墙而走的准备。妻子廖翠凤刚生完二女儿回到家里，看到林语堂还在写文章，一向反对林语堂撰写文章"生事端"的廖翠凤马上劝阻，可看到林语堂为"逃走"做的准备，廖翠凤说："我们一起走！可我一只手抱一个孩子，另一只手拉一个，怎么上梯子？"

妻子的话让林语堂意识到问题的严重性。他细心想了想，决定避一避风头。林语堂就先来到东交民巷一家法国医院躲避了一下，想到一位平时的医生朋友（可能是厦门大学校长林文庆的儿子林可胜），就领着妻子和两个孩子来到这位朋友家里。

这段时期，北京形势危机的消息传到了的厦门，厦门大学校长林文庆感觉厦门大学国文系发展的机会来了。这位集实业家、名医、学者于一身的厦门大学校长不断派人联系林语堂，说服林语堂、鲁迅等几位有影响的文学家到厦门大学去。林文庆向林语堂、鲁迅等表示，非常欢迎几位国文大家到厦门大学任职。

厦门大学是著名爱国华侨陈嘉庚独资兴建的，始建于1921年。经过几年的苦心经营，厦门大学的理科已经初具规模，在中国教育界颇有独领风骚的态势。林文庆继任（首任校长是邓萃英）校长之后，就在厦门大学兴办国学院，准备振兴厦门大学的文科。北京的风云变幻传到厦门后，林文庆从中感觉到机会的来临，就通过朋友联系福建老乡林语堂，准备让林语堂来厦门大学担任文科主任。

收到厦门的消息之后，林语堂就和妻子廖翠凤商议。廖翠凤马上表示愿意到厦门老家去，在自己家门口做事，心里踏实不说，还可以为家乡做点贡献。在北京，廖翠凤时常为丈夫林语堂担心，生怕忽然有军警把林语堂抓走，因为门口不断有军人模样的人来回转悠。另外，林语堂的二哥林玉霖也在厦门大学做教员，并且此间也在给林语堂发电报催促。林语堂经过几番考虑之后，终于答应了厦门大学的邀请。

林文庆向林语堂允诺，作为文科主任，林语堂应该努力为厦门大学多招聘几位知名文学教授，薪金每月可以达到四百银元，并且不会拖欠。这样的条件当时在中国属于高薪职位。林语堂通过一番努力，鲁迅、沈兼士等几位北京大学的教授就接受了厦门大学的聘约，来到了厦门。厦门大学一下子增添了当时中国文化界的很多知名人士，好像一夜间变成了中国的北大。

当时，厦门大学为了欢迎这些中国文化界的名流，拉了很多的大条幅："欢迎鲁迅先生来厦门大学！""欢迎林语堂担任文科主任！"整个厦门大学轰动了，师生们奔走相告。欢迎会设在厦门大学新修建的礼堂。开会前一小时，礼堂就坐满了人。作为文科主任的林语堂讲话多次被雷鸣般的掌声打断，厦门大学师生们情感之热烈可见一斑。在《林语堂自传·三十年代》里，林语堂这样描述当时的情景：

> 北京大学这批教授一到，厦大的国文系立刻朝气蓬勃。向第十一世纪兴建的那座古老的木造巨厦"东西塔"送上了一项研究计划。这却引起了科学系刘树杞博士的嫉妒。鲁迅那时单独住在一处，他的女友许小姐已经单独去了广州。我住在海边一栋单独的房子里，我觉得身为福建人，却没尽到地主之谊。

从林语堂的回忆文字里可以看出当时厦门大学对中国知名文学家的欢迎。林语堂也是踌躇满志，准备为厦门大学的发展做出自己的贡献，在家门口做出一番事业。不过，林语堂的回忆言辞中也隐约透露出在厦门工作的不利因素，那就是科学系的刘树杞。

大学里都有文科和理科之分，而厦门大学是依靠理科兴建起来的，学校的资源和经费几乎都向理科倾斜。林语堂接受文科主任之后，厦门大学的经费都被文科占用了，这就引起了厦门大学理科部主任刘树杞的嫉妒和不满。

刘树杞做的第一件事，就要对国文系最为著名的教授鲁迅先生下手。他首先利用自己掌握财务的权力，逼着鲁迅先生连续搬了三次家，最后竟然让鲁迅先生在厦门大学的地下室里居住。当时，地下室本来有两个灯泡，刘树杞以节约电费的理由去掉了一个。鲁迅看在眼里，气在心里。当时，鲁迅先生正在写《小说旧闻抄》，许广平又不在身边，吸烟非常厉害的他一日三餐都困难，有时候只能吃火腿喝白开水凑合，要不就邀请孙伏园吃花生米喝绍兴酒，就这么生活。

看到鲁迅这样，林语堂心里很难过，感觉自己没有尽到地主之谊。后来，林语堂在家里做了好菜好饭，就邀请鲁迅过来一起吃。只要有机会，林语堂就陪同鲁迅坐船到集美或者其他学校演讲。

林语堂也感觉自己刚上任不久，不想与刘树杞结怨。刘树杞觉得林语堂老实可欺，就越发得寸进尺。当时，厦门大学的文科大楼尚在修建之中，林语堂只能领着国文系的教授们借用生物系的三楼办公，正好处于刘树杞的监视范围之内。有一次，国文系的一位教授因为身体不舒服迟到了一会儿，刘树杞就马上跑到林文庆面前打了林语堂的小报告；国文系考古学会购买了一些设备器材，马上遭到理科老师的奚落……

刘树杞后来越发猖狂，干脆越俎代庖，直接拆阅国文系研究文件，截取林语堂向校长请示的言路。林语堂质问刘树杞，得不到正面的答复。此时，林语堂才感觉到刘树杞的野心。他直接找到校长林文庆那里，向林文庆诉说国文系的遭遇。令林语堂没有想到的是，此时的林文庆已经被刘树杞的言辞所迷惑，根本听不进去林语堂的话。

接下来，事情发展更加严重了。林语堂接管厦门大学国文学院还不到两个月时间，校长林文庆忽然通知说要取消国文学院的研究经费。这一下将国文学院的教授们激怒了，他们纷纷向林语堂递交辞呈辞职，其中也包括鲁迅先生。

　　林语堂非常生气，他直接找到林文庆要求给出合理的解释。林文庆推诿说是陈嘉庚的公司生意出现了问题，所以厦门大学的教育经费受到了影响。他劝说林语堂去做国文学院教授们的思想工作。林语堂没有相信林文庆的"鬼话"，他直接来到厦门大学财务处查了一下，结果发现陈嘉庚先生并没有缩减给厦门大学的教育经费。

　　林语堂再也忍不下去了，他向林文庆提出辞去国文学院秘书，保留文科主任的职位。故土难离的林语堂依然对厦门大学充满希望，他很想在家门口做一番事业，不想让家乡的父老失望。

　　林文庆看到事态的发展越来越严重，就亲自召集国文学院的教授开会，劝说教授们留下来。可是，很多教授不听林文庆的言辞，但最终鲁迅先生为了林语堂留了下来。过了一段时期，实在难以忍受厦门大学的尔虞我诈的鲁迅也离开了厦门。

　　厦门大学的学生听说鲁迅先生走了，马上开始集会游行，要求"驱逐刘树杞"。结果，刘树杞被赶走了。这样一来，林文庆和林语堂之间也有了隔阂。这段时间，武汉国民政府外交部长陈友仁不断对林语堂发出邀请函，林语堂只得离开厦门赴武汉。

　　1927年3月，林语堂来到武汉国民革命政府，担任外交部秘书长。当时，南方国民革命形势复杂，武汉的汪精卫与南京的蒋介石已经形成了对立的局面。

　　之前，林语堂一向钦佩的蔡元培曾经劝林语堂别到武汉国民革命政府任职，可满腔革命热血和爱国情怀的林语堂还是决心投入到革命的大潮中去，因为他从内心里钦佩当时陈友仁收回汉口、九江英租界的壮举，准备跟随陈友仁为国家的发展、民族的复兴尽一份力量。

　　林语堂进入武汉国民政府外交部工作一段时间之后，感觉现实情况并非自己想象的那样，理想与现实的差距越来越大。武汉的国民革命政府在汪精卫领导下很快与南京的蒋介石联合在一起，随后开始了"分共""清党"行动，对共产党大开杀戒，那些所谓"革命军人"对工农群众大动干戈。贫苦人家出身的林语堂看到劳苦大众不断遭到枪杀，心愤难平，而政府内部的一些政客为了各自的利益，不惜向昔日的政敌下跪，转眼间又可以用枪指向昨日的朋友。所有这一切，令刚刚踏进政界的林语堂心寒。

林语堂心灰意冷。为此，他在《林语堂自传·无穷的追求》中曾经总结说：

世界上只有两种动物，一是管自己的事的，一是管人家的事的。前者属于吃植物的，如牛羊及思想的人是；后者属于肉食者，如鹰虎及行动的人是。其一是处置观念的；其他是处置别人的。我常常钦羡我的同事们有行政和执行的奇才，他们会管别人的事，而以管别人的事为自己一生的大志。我总不感到那有什么趣。是故，我永不能成为一个行动的人，因为行动之意义是要在团体内工作，而我则对于同人之尊敬心过甚，不能号令他们必要怎样怎样做也。我甚至不能用严厉的辞令，摆尊严的架子以威喝申斥我的仆人。

六个月之后，他向武汉革命政府外交部递交了辞呈，随后离开武汉来到了上海。当时，由于国内形势的复杂，很多思想激进的文人作家都来到上海生活。鲁迅、孙伏园等都在上海。三人见面之后，林语堂诉说官场的黑暗和尔虞我诈，下定决心今后要用笔杆子写作生活。

后来，时任上海中央研究院院长的蔡元培了解到林语堂的情况之后，就邀请林语堂去担任中央研究院的英文编辑，月薪三百大洋。对蔡元培一向钦佩的林语堂马上答应了下来，他期望和蔡元培共事，期待向这位教育家、学者、政治家学习。这样一来，林语堂的生活有了着落，就将妻子廖翠凤和女儿一起接到上海安了家。在《林语堂自传·三十年代》里，林语堂这样描述当时的蔡元培：

他任命我为英文主编。我每天早晨和他同乘一辆汽车，因为我们俩住得距离不远。我恐怕当年是个爱说话的青年人，但是他总是很客气地说："是，是，你的说法不错。"

当时有一位杨杏佛，是蔡先生的助手，此人有非常之才，能一边与人闲谈一边写信，确实能如一般人所说的一目十行。他告诉我说，蔡先生对人的请示从不会置之不理。若是有人求他写一封介绍职业的信，他立刻就写。政府要人知道是他写的，反而置之不理。

第四章

『两脚踏东西文化，一心评宇宙文章』

幽默文学

1928 年 6 月，鲁迅和郁达夫在上海合办文学月刊《奔流》，向林语堂约稿，林语堂也乐于和两位老朋友合作。此间，林语堂曾经创作了一生中唯一的独幕悲喜话剧《子见南子》，内容是春秋时期卫灵公夫人见孔子的历史故事。

当时，国内形势复杂，五四运动的思想浪潮已经消退，而复古的逆流正在风起云涌。林语堂根据当时文化界一些复古派文人为孔子精心编制的圣人外衣，就在创作中将圣人孔子幽默生活化，给复古派以回击。其中，剧中最为经典的一段这样写：

子路："夫子意下如何，可以留在卫国吗？"

孔子：（答非所问地）"如果我不相信周礼，我就要相信南子。"

子路："那么夫子可以留下了？"

孔子："不！"

子路："因为南子不知礼吗？"

孔子："南子有南子的礼，不是你所能懂得的。"

子路："那夫子为何不留下呢？"

孔子："我不知道，我还得想一想（沉思地）……如果我听南子的话，受南子的感化，她的礼、她的乐……男女无别，一切解放自然（瞬间狂喜地）……啊！不！（面色忽然黯淡而庄严起来）……不，我还是走吧。"

子路："难道夫子不行道救天下的百姓了吗？"

孔子："我不知道，我先要救我自己"

林语堂的这部独幕剧思想内容与当时人们的思想产生了共鸣，因此在当时的中国引起了轰动，很多文化团体争相排演。其中最为显眼的是孔子家乡山东省立第二师范学校的排演。当时，山东省第二师范学校的校长是毕业于北京大学的宋还吾，他反对旧文化，对所谓传统伦理道德文化非常厌恶。宋还吾引导学生排演《子见南子》后，迅速引发山东孔家后人的满腔怒火，他们直接向南京国民政府控诉，言说宋还吾借排练话剧诋毁圣人孔子，要求为孔子正名，惩治严办宋还吾。

事情越闹越大，沸沸扬扬，以至很多南京政府要员都参与了进来。针对这件事，南京国民政府第一任教育部长蒋梦麟感觉是孔家后人借题发挥，但是，当时的国民政府工商部长则主张严办宋还吾。为此，宋还吾特地为自己撰写了很长的一篇自辩状，但最终还是遭到国民政府的革职处理。

这件事情将林语堂创作的《子见南子》再次推向舆论的焦点，让本来已经够火的《子见南子》更加火爆，也将之前名不见经传的作家林语堂推向了公众视野，进入当时文学大家的行列。《中国评论周刊》向林语堂发出邀请，聘请林语堂为英文版专栏作家，主要撰写评论短文，内容涉及社会事实以及地理历史。林语堂发挥自己幽默风趣的写作风格，将《中国评论周报》英文版的小品文写得妙趣横生，在一定程度上让林语堂进入了当时的写作名家行列，成为文学界的名流。

在上海时代书局的偶然的一次文人聚会上，大家商议出一本文学刊物。当时，林语堂在文学界有一定的声望，大家就让林语堂给杂志起个名字。大家反复揣摩之后，最终从林语堂的"林语"二字上想到了论语，决定将杂志命名为《论语》，林语堂毫不犹豫地担任了杂志社主编。

因为林语堂在英语方面的特长，所以他在撰写文章时都用中英文各写一份，然后在两处发表，颇显中英双语方面的成就。1928年间，开明书店与林语堂签约出版《开明英文读本》，作为英语教材面向全国发行，林语堂从中抽取百分之十五的版税。当时，《开明英文读本》非常畅销，林语堂自然获利不少。可是，有人从中看出了"甜头"，世界书局很快出版了《标准英语读本》，且在内容方面多处抄袭。开明书店马上向世界书局提出了异议，但世界书局保持了沉默。那位涉嫌抄袭的作者感觉理亏，就给林语堂写了一张字条表示自己的歉意。林语堂马上将这个字条刊登在了报纸上。此举引起世界书局高层的勃然大怒，很快以诽谤罪起诉了开明书店。

在政府机关工作过的林语堂在这方面颇有经验，他直接找到当时教育部的蒋梦麟提出了申诉书，教育部门果然查封了《标准英语读本》。最终，世界书局胜诉，但法院却只判处开明书局赔偿三十元。

后来，林语堂很快又撰写出《开明英文文法》《英文文学读本》等学生使用教材，受到师生欢迎的同时，教材的发行量也非常好。林语堂每年从中获取的版税能够达到六万九千银元，这是一笔可观的收入，让林语堂的经济条件有了初步改观。

1932年9月16日，《论语》半月刊正式创办。可接下来，如何将这份杂志办好，如何让这份杂志办得有声有色，能够让广大学生、人民群众接受，成为林语堂日夜思考的问题。经过几天的思索，林语堂考虑到当时国民政府对文学类刊物的禁锢（之前的《语丝》《奔流》因内容和言辞比较激进都被国民政府取缔），想在文学领域寻找其他突破口很难，思忖再三，他决定采用幽默的文风，用幽默的言辞和内容来赢得读者的青睐，让《论语》在当时的中国文学领域占有一席之地。

就在《论语》创刊号准备印刷的时候。作为主编的林语堂才想起来还没有请书法家题写刊头。刊头是杂志报纸的门面，当时的中国报刊都是请有影响力的书法家题写，以此为刊物增光添彩。

大家都有些着急。现在临时去找书法家，多花钱不说，时间也有些来不及。林语堂思考了一下，随后拿出一张宣纸，用毛笔在上面写了"论语"两个字。大家一看，还真有些像当时某一位书法家的笔体。原来，林语堂这段时间经常模仿这位书法家写字，如今派上用场了。

《论语》杂志走上市面，幽默的言辞和诙谐的内容很快吸引了读者的注意，杂志非常畅销，不长时间内就走在所有文学刊物的前列。在发刊那天，林语堂发表《"幽默"与"语妙"》，在《论语》第七期上又发表《会心的微笑》，通过不同角度来向读者阐述幽默文风意思，最终让"幽默文学"和《论语》杂志有机地结合起来，个性鲜明地展现在公众视野里。经过一段时间锤炼，"幽默文学"成为读者心目中《论语》杂志的代名词，而林语堂则成为"幽默文学"的"代言人"。在《林语堂自传·论幽默》里，林语堂这样阐述自己的文学观点：

西方人，对幽默这一词，当然是毫无疑问，是人人接受的。可是对中国读者而言，一个报章杂志的编者会留一页，用以登载生活的轻松方面的文字，是不可想象的。中国的高级官员在新闻记者招待会上说句幽默的话，也是一样不可想象的。美国前故总统甘乃迪，在记者问他何以选他弟弟充任首席检察官时，他运用他的急智回答说——做了首席检察官之后，他再做律师就更有经验了。Russell Baker 主办的《纽约时报》是尽人皆知的，而包可华专栏更是获得万千读者的欢迎。他有见识，也有良知，也有机智，敢把普通社论所不敢说的话，以滑稽诙谐的态度说出来。美国作家马克·吐温的幽默完全不离常人的淳朴自然。一次，他到达伦敦，是参加一个重要的会议，因为迟到而正式道歉，说原因是他必须去租一件无尾的燕尾服，好符合那种上流社会的派头儿，但是此种礼服都已被参加此宴会的文明绅士先生们租去了。当时马克·吐温到宴会上，故意作违背礼俗之事，开了个玩笑说："我已经吃过了。"而其他绅士先生则假装做他们还不曾吃过。

　　林语堂用"幽默文学"让《论语》杂志在读者心中深深扎下了根，也让《论语》杂志在当时的中国文学领域占有了一席之地。当时，林语堂的很多朋友都为之赞叹，很多文学刊物和栏目都争相效法《论语》的幽默文风。这样一来，《论语》杂志更加有名气了，身价倍增，一刊难求。据说，时任中央大学校长的罗家伦有一次见到林语堂说过这样一句话："我要有什么通知需要公开的话，刊登在你的《论语》上就行了。"足见当时《论语》杂志的火爆程度。

　　《论语》杂志在采用稿件上不分类别，只要符合《论语》杂志的幽默风格，林语堂就会刊登。当时一些著名作家，诸如郁达夫、刘半农、谢冰心等都成为了《论语》的撰稿作家。鲁迅也在为《论语》写稿子，最有名的是《由中国女人的脚，推定中国之非中庸，又由此推孔夫子有胃病》，文章写得诙谐幽默，得到当时许多读者的喜爱。

　　《论语》还和中国现代作家老舍有一段渊源。当时，初进文坛还没有什么名气的老舍先生非常羡慕《论语》杂志的幽默格调，就写了一篇《祭子路之岳母文》，直接寄给了《论语》杂志社，并附有一封信：

编辑先生：

小的胆大包天，要在圣人门前卖几句《三字经》，作了篇《祭子路之岳母文》。如认为不合尊刊性质，祈将原稿退回，奉上邮票五分，专作此用。如蒙抬爱，刊登出来，亦祈将五分邮票不折不扣寄回，以免到法厅起诉。

敬祝

论祺

小的老舍敬启。

老舍的文章和信件写得都很幽默，林语堂看了之后感觉不错，适合在《论语》发表，就回了老舍一封信：

老舍先生：

尊函及稿一并刊登，业已嘱发行部依卖一送一办法寄呈二份。除尊名来款项下五分以外，尚不敷五分。请即寄下，以免追究，毋谓言之不预也。（或就近交韩复渠捐义勇军，转账亦可）

——记者

你来我往的两封信，尽显两位著名作家的文采，也将当时中国文坛兴起的"幽默文学"在书信方式上有了体现。

随着《论语》杂志的热销，林语堂的经济收入也发生了翻天覆地的变化。为此，林语堂的妻子带领两个女儿搬进了上海法国租界的花园洋房里，还雇了仆人。另外，已经名扬天下的林语堂不断收到请吃饭的请柬，有时候也回请，这让本是钱庄出身的妻子廖翠凤非常满意，似乎找回了昔日在娘家的那种大家闺秀的风采。

1933 年 2 月 17 日，世界著名作家、幽默大师、爱尔兰文豪萧伯纳来到了上海。这位曾经获得过诺贝尔文学奖并且还拒绝领奖金的人说的那句"诺贝尔奖金是丢给游泳者的一个救生圈，可惜的是在那位游泳者上岸之后才给的"，让全世界的文学爱好者为他鼓掌，并让萧伯纳的人格魅力于无形之中也获得了诺贝尔奖。

不过，这位用幽默影响世界的文学大师似乎并没有听到中国"幽默大师"在上海的影响力。这次来上海，萧伯纳以私人身份"要求见孙夫人（即宋庆龄）"。尽管事前要求宋庆龄等一些人为其保密，可是，当萧伯纳乘坐的英国"皇后"小客轮在江面上出现时，码头上已经有很多记者和崇拜者在翘首期盼。宋庆龄稍加思索后，让林语堂在码头吸引记者的注意，然后从其他路线将萧伯纳领回孙宅。后来，林语堂也紧跟过去，这位中国的"幽默大师"不会放弃和世界级"幽默大师"切磋的机会。

期间，因为林语堂在英语方面出类拔萃的能力，最终在和萧伯纳对话中"抢了头彩"。萧伯纳幽默的语言艺术给林语堂留下了深刻印象。

萧伯纳在的上海之行只有八小时，属于"快闪"。林语堂抓紧机会在《论语》杂志做了报道，并描述了整个过程，让《论语》再度成为当时文学界的焦点，成为当时文学爱好者追捧的对象。

与鲁迅之间

　　林语堂与鲁迅有着很深的友谊,无论在生活上还是在文学道路上,二人都有着共同的喜好和鲜明的方向。在北京大学期间,林语堂在鲁迅的引领下进入《语丝》杂志社的撰稿人队伍,从此之后开始在中国文坛崭露头角,二人也在中国文学战线上并肩战斗。后来,林语堂和鲁迅在厦门大学再次结下深厚的友谊。然而,"天下大事分久必合,合久必分",随着林语堂和鲁迅在各自人生道路、文学道路上的前行,他们在文学思想上出现了裂痕。

　　当初,林语堂曾经在厦门大学和武汉国民政府有了短时间的"从政"经历,正是这的短暂"从政"经历,让林语堂对中国的"官场"有了新的认识,也对中国社会有更深一层的了解。到上海之后,林语堂决心在文学上走"幽默文风"的道路,这条文学之路也让林语堂在中国文学界占有了一席之地。鲁迅的文风也不乏幽默,但鲁迅的文章向来以"讽刺、犀利"著称,他看到中国社会不好的现象就要揭露,就要讽刺,不管是针对政府还是哪个团体,从来不留情面。细想一下,鲁迅和林语堂在文风方面就出现了不同的方向。在当时动荡的年月，林语堂倡导的"幽默文学"，肯定会让鲁迅反感，会让鲁迅感觉林语堂不"忧国忧民"，不为劳苦大众着想。

终于，林语堂和鲁迅之间出现了言辞摩擦。

当时，鲁迅和上海的北新书店老板李小峰因为版税有了争执，北新书店拖欠鲁迅稿费长时间不付，鲁迅无奈之下准备和北新书店对簿公堂。北新书店的老板李小峰深知鲁迅在中国文化界的名气，更了解鲁迅先生当时在读者心中的地位，所以他感觉要对簿公堂的话，北新书店就会有倒闭的风险。于是，李小峰找到郁达夫从中调解，答应在一定时间内偿还。"和事佬"郁达夫调解完毕之后，邀请双方当事人、林语堂夫妇和一些文坛好友在上海南云楼吃饭。席间，林语堂和鲁迅在言辞间出现了摩擦。在《无所不谈合集·林语堂自传附记》里，林语堂这样描述当时的情景：

有一回我几乎跟他闹翻了。事情是小之又小，是鲁迅精神过敏所致。……张友松要出来自己办书店或杂志，所以拉我们一些人。他是大不满于北新书局的老板李小峰，说他对作者欠账不还等等，他自己要好好地做。我也说两句附和的话。不想鲁迅疑心我在说他。真是奇事！大概他多喝一杯酒，忽然咆哮起来，我内子也在场。怎么一回事？原来李小峰也欠了鲁迅不少的账，也与李小峰办过什么交涉，我实不知情，而且我所说的并非袒护李小峰的话。……他是多心，我是无猜，两人对视像一对雄鸡一样，对了足足一两分钟。幸亏郁达夫做"和事佬"，几位在座女人都觉得无趣。这样一场小风波，也安静度过了。

鲁迅在自己的日记里面，这样记录当天的情景："晚界，小峰来，并送来纸版，由达夫、矛尘作证，计算收回费用五百八十四元五角。

同赴南云楼晚餐，席上又有杨骚、语堂及其夫人、衣萍、曙夫。席将终，林语堂语含讥刺，直斥之……"

从二人的记录来分析，当时林语堂与鲁迅的确发生了言辞间的冲突。不过，林语堂认为自己不知内情，言辞被鲁迅误解了，而鲁迅则认为林语堂的言辞有讥讽之意。不过，总体来看，林语堂与鲁迅之间在这次宴会上的冲突属于误会，是因为误会而出现的言辞间的摩擦。

摩擦发生之后，"和事佬"郁达夫马上劝说鲁迅坐下来，随后拉起林语堂夫妻二人下楼。至此，此事告一段落。后来，当事人郁达夫认为，既然是摩擦，说明林语堂和鲁迅之间的友情已经出现裂痕。

不过，就因为这样一次误会而引起的冲突，不会影响到林语堂与鲁迅几年结下的友谊。然而，接下来发生的一些事情，不仅没有修复二人的关系，反而让林语堂和鲁迅之间的裂痕越来越大。

一次，《自由谈》杂志编辑黎烈文为"富春江上神仙侣"郁达夫和妻子王映霞去杭州而请客，作为郁达夫好朋友的林语堂和鲁迅先生再一次相遇。期间，林语堂询问鲁迅是不是最近写文章又换了笔名，原因是鲁迅的文章一向言辞犀利，常常被国民政府查出来"毙掉"，所以他必须不断改换笔名。据说，鲁迅使用的笔名多达一百五十个。

鲁迅反问林语堂从哪里得到的消息，林语堂就说出了某杂志上的一篇文以及那个作者名字，结果鲁迅马上将旁边的作者本人指认给林语堂来看，此举让周围人都显得有些尴尬，林语堂颇感不好意思。后来，林语堂又和鲁迅先生谈论吸烟的问题，因为他们二人的烟瘾都非常大。对于鲁迅的吸烟，中国人几乎都比较熟悉，大家都可以从他的文章里看出来。对于林语堂，人们了解得就比较少了，其实他的烟瘾也很大。据说，林语堂有一天和著名历史学家、思想家、教育家钱穆一起聊天。

钱穆发现林语堂抽烟的姿势非常潇洒，手中烟卷的烟灰已经很长了但并不弹掉，而旁边也没有烟灰缸，他担心林语堂手里的烟灰忽然掉下来弄脏了地毯。可是，林语堂依然悠闲地谈话，任凭手中的烟卷燃到十分之八九，依然在吸烟，而烟灰也不掉下来。此举让钱穆非常钦佩林语堂的吸烟艺术。

林语堂在《林语堂自传·我的戒烟》里面这样描述自己的烟民生活：

凡吸烟的人，大都曾有一时糊涂，发过宏愿，立志戒烟，在相当期内与此烟魔，决一雌雄，到了十天半个月之后，才自醒悟过来。我有一次也走入歧途，忽然高兴戒烟起来，经过三星期之久，才受良心责备，悔悟前非。我赌咒着，再不颓唐，再不失检，要老老实实做吸烟的信徒，一直到老耄为止。到那时期，也许会听青年会、俭德会三姑六婆的妖言，把它戒绝，因为人一到此时候，总是神经薄弱，身不由主，难代负责。但是意志一日存在，是非一日明白时，决不会再受诱惑。因为经过此次的教训，我已十分明白，无端戒烟断绝我们灵魂的清福，这是一件亏负自己而无益于人的不道德行为。据英国生物化学名家夏尔登（Haldane）教授说，吸烟为人类有史以来最有影响于人类生活的四大发明之一。其余三大发明之中，记得有一件是接猴腺青春不老之新术。此是题外不提。

由于和鲁迅都有吸烟的共同爱好，所以林语堂就和鲁迅谈起吸烟的话题，也属于朋友间的正常谈话。可是，鲁迅认为林语堂是在为自己的杂志《论语》寻找素材，因为最近《论语》上就刊登过林语堂的《我的戒烟》。在鲁迅的追问下，林语堂老老实实地做了肯定的回答。令林语堂没有想到的是，鲁迅接下来对林语堂不断搜寻生活中的幽默素材来写文章吸引社会的目光毫不客气地进行了批评，这让当时以此为荣的林语堂感到非常的不理解。双方因此僵持了下来，宴会气氛非常尴尬。后来，黎烈文引开话题，才将局面缓和下来。

从这次言辞冲突可以看出，鲁迅和林语堂在文学领域各自走的路线方面已经出现了分歧。其实，这也很正常，文学艺术本来就是丰富多彩的。鲁迅倡导的文风固然可以被时代所认可，而林语堂的"幽默文学"也未尝不可以为人们所接受，两位作家的文章作品都由不同的读者群落所认可，读者在文学作品的选择方面也有自己的观点。

随着时间的推移，林语堂和鲁迅关系缓和的机会出现了。

1932 年末，在蔡元培和宋庆龄的倡议下，中国民权保障同盟在上海成立，其主要目的是营救遭到政治迫害的文化界名人，为出版、言论自由做出工作上的努力。当时，林语堂正在担任蔡元培的英文秘书，看到民盟组织的目标之后颇有一种义不容辞的感觉，所以就加入了进去，并担任民盟宣传主任。作为文化界名人的鲁迅也参加了民盟，也积极投入到民盟的日常工作之中。巧合的是，在 1932 年 12 月 30 日的民盟成立大会上，鲁迅和许广平因为孩子生病未能出席；而在 1933 年 1 月 11 日民盟开会筹备成立上海分会时，鲁迅出席，而林语堂因临时有事未能到会；到 1 月 17 日，民盟上海分会成立大会上，林语堂和鲁迅才一起到会，二人终于坐到了一起并找到了久违的共同语言。

由于蔡元培和宋庆龄在国际上的影响力，民盟的工作有声有色。在每次的记者招待会上，林语堂负责英语翻译，鲁迅负责德语翻译，二人配合相得益彰，关系出现了缓和的迹象。

随后的发展，让林语堂与鲁迅之间再次出现隔阂。

民盟的工作引起了国民政府的不满，受到特务机关"蓝衣社"的注意。1933 年 6 月 18 日，民盟负责人之一杨杏佛在中央研究院门口遭到暗杀，一时间震惊了世界。但是，特务机关"蓝衣社"并不为之所动，他们扬言民盟组织内部有一百五十多人都在他们的暗杀名单之内。在这样的威胁下，民盟的日常工作基本停止了下来。林语堂家门口经常有行踪可疑的人转来转去，让林语堂的妻子惶惶不可终日。

杨杏佛和林语堂是中央研究院时的同事，关系非同一般。林语堂每次上班经过杨杏佛遇难的地方都会心潮起伏。在当时人们目光都在盯着民盟的时候，林语堂的发言和写作都需要小心翼翼。6月20日，杨杏佛入殓仪式上，受到严密监视的林语堂没有出现，这引起了鲁迅内心的极大不满。可鲁迅没有想到的是，7月2日杨杏佛下葬，林语堂冒着极大的生命危险前去参加，而鲁迅先生则没有出现。

这样一来，林语堂和鲁迅之间再次因为误解出现了隔阂。

1934年4月，林语堂主编的《论语》杂志编辑人员内部出现矛盾，性格耿直的林语堂就和《论语》分道扬镳，自己决定和好朋友陶亢德一起创办《人间世》杂志。林语堂感觉凭借自己在文学界的名声以及在读者心目中"幽默大师"的影响，能够将《人间世》办好。林语堂在创刊之前，特地请一些文坛朋友到家里做客，其中还有鲁迅。这说明，鲁迅和林语堂尽管出现了一些不愉快，但二人还可以坐到一起。

就在《人间世》准备创刊之时，周作人做五十大寿，林语堂抓住机会，就把周作人自己写的寿诗抄录给文坛的朋友，然后让这些朋友做和诗，再将这些诗发表在《人间世》创刊号上，并附有周作人的照片。这样一来，《人间世》和周作人在当时都火了一把。但这样招来了左翼作家联盟的声讨，原因就是周作人的寿诗体现的思想内容隐晦而曲折，并不能让读者真正领会其中含义。

世界上的事情的发展往往非常巧妙。就在林语堂的《人间世》创刊后不久，以鲁迅为主的左翼作家联盟主编的《太白》杂志创刊了。在文风和格调上，这两份杂志截然不同。《人间世》在文学上比较偏重于生活上的幽默，而《太白》的文风在文化思想上则比较激进。这样一来，正如林语堂刚进北大时期的《语丝》和《现代评论》一样，《太白》和《人间世》之间的火药味也渐渐浓了起来。一些激进派的左翼作家纷纷"披挂上阵"对林语堂展开声讨，说林语堂写的是"麻醉文学"，不关注民生。

林语堂依然坚持自己的观点，说明自己"幽默文学"的合理性。这一点在《林语堂自传》中可以看出来。在其《林语堂自传·第二辑》里，涉及"幽默文学"的章节就占去一多半，比如《幽默杂话》《论幽默译名》等，其中在《林语堂自传·论幽默》中，林语堂还从中国传统文化角度出发，说明幽默是一个人乃至国家的文化组成部分。他这样写：

幽默本是人生之一部分，所以一国的文化，到了相当程度，必有幽默的文学出现。人之智慧已启，对付各种问题之外，尚有余力，从容处之，遂有幽默——或者一旦聪明起来，对人之智慧本身发生疑惑，处处发现人类的愚笨、矛盾、偏执、自大，幽默也就跟着出现。如波斯之天文学家诗人荷麦卡奄姆，便是这一类的。"三百篇"中《唐风》之无名作者，在他或她感觉人生之空泛而唱"子有车马，弗驰弗驱，宛其死矣，他人是愉"之时，也已露出幽默的态度了。因为幽默只是一种从容不迫达观态度，《郑风》"子不我思，岂无他人"的女子，也含有幽默的意味。到第一等头脑如庄生出现，遂有纵横议论掉阔人世之幽默思想及幽默文章，所以庄生可称为中国之幽默始祖。太史公称庄生滑稽，便是此意，或索性追源于老子，也无不可。战国之纵横家如鬼谷子、淳于髡之流，也具有滑稽雄辩之才。这时中国之文化及精神生活，确乎是精力饱满，放出异彩，九流百家，相继而起，如满庭春色，奇花异卉，各不相模，而能自出奇态以争妍。人之智慧在这种自由空气之中，各抒性灵，发扬光大。人之思想也各走各的路，格物穷理各逞其奇，奇则变，变则通。故毫无酸腐气象。

林语堂坚持自己的观点，而以鲁迅为首的左翼作家联盟也有自己的观点。这样一来，林语堂与鲁迅在文学领域出现的裂痕无法弥补了。对于这一点，在鲁迅 1934 年 8 月 13 日给曹聚仁的信中可以看出，鲁迅说自己曾经劝说林语堂别在文学上倡导幽默了，让林语堂翻译一些英国文学名著，而林语堂则说等岁数大了之后再做。这样的回答让鲁迅感到非常不理解，二人由此在文学理念上难以沟通了。

这段时间，林语堂正在和美国人赛珍珠洽谈，准备用英语撰写有关中国传统文化的书籍，后来又远赴美国。

1936 年 10 月 19 日，鲁迅先生因病去世。身在美国纽约的林语堂在第二天看到了消息，后来写了一篇《悼鲁迅》，以此怀念自己文学道路上的良师益友鲁迅先生。现摘录其中的一段，从中可以了解二人的关系和鲁迅在林语堂心中的位置：

鲁迅与我相得者二次，疏离者二次，其即其离，皆出自然，非吾与鲁迅有轻轩于其间也。吾始终敬鲁迅；鲁迅顾我，我喜其相知，鲁迅弃我，我亦无悔。大凡以所见相左相同，而为离合之迹，绝无私人意气存焉。我请鲁迅至厦门大学，遭同事摆布追逐，致三易其厨，吾尝见鲁迅开罐头在火酒炉上以火腿煮水度日，是吾失地主之谊，而鲁迅对我绝无怨言是鲁迅之知我。《人世间》出，左派不谅吾之文学见解，吾亦不愿牺牲吾之见解以阿附初闻鸦叫自为得道之左派，鲁迅不乐，我亦无可如何。鲁迅诚老而愈辣，而吾则向慕儒家之明性达理，鲁迅党见愈深，我愈不知党见为何物，宜其刺刺不相入也。然吾私心终以长辈事之，至于小人之捕风捉影挑拨离间，早已置之度外矣。

鲁迅与其称为文人，不如号为战士。战士者何？顶盔披甲，持矛把盾交锋以为乐。不交锋则不乐，不披甲则不乐，即使无锋可交，无矛可持，拾一石子投狗，偶中，亦快然于胸中，此鲁迅之一副活形也。德国诗人海涅语人曰："我死时，棺中放一剑，勿放笔。"是足以语鲁迅。

赛珍珠慧眼识珠

在 20 世纪三四十年代，林语堂尽管在中国文坛上赢得了"幽默大师"的称号，可《人间世》杂志的遭遇和自己在文坛上不断遭到"攻击"让他苦不堪言。这段时期是林语堂的人生低谷。身为语言学博士的林语堂在语言学方面有能力，但这段时期他在中国文学界难以找到知己。

不过，懂得哲学的人都清楚，人生低谷来到的时候，人生的巅峰期就距离不远了。

这段时期，有个人正在研究林语堂的材料，准备向他抛来橄榄枝——这个人就是美国人赛珍珠。

赛珍珠原名珀尔·巴克，生于 1892 年，美国著名作家、女权活动家。赛珍珠出生后不久就被传教士带到了中国的镇江。长期的中国生活让赛珍珠成为名副其实的"中国通"，尤其对中国的传统文化有一定的造诣。她的名字是取父亲中文名字赛兆祥和中国女性喜欢的常用字结合而成的。

赛珍珠曾经在美国上大学，毕业后来到中国从事文学创作和传教工作，后来和金陵大学美籍教授约翰·洛辛·布克结婚生活。当时，美国国内不乏很多假"中国通"，写文章专门以丑化中国人为目的，将中国的很多经典文学名著翻译得五花八门且漏洞百出，以此赚取版税，赛珍珠为此感到非常痛心。在中国长大的赛珍珠喜欢中国文化，更喜欢中国人，所以她下决心改变中国人在美国人心中的形象，为此，赛珍珠决定首先从文学作品入手。1933年，她翻译了中国文学名著《水浒传》，将书名翻译为《四海之内皆兄弟》，在美国引起了强烈的反响。精通英语的林语堂认真看了一遍英文版《四海之内皆兄弟》，对赛珍珠的翻译赞不绝口，感觉赛珍珠领会了中国传统文化的内涵，是一位真正意义上的"中国通"。

1933年7月30日，中国上海的《申报·自由谈》以《大地作者赛珍珠》为题对赛珍珠做了报道，林语堂也在9月1日出版的第24期《论语》杂志上发表了文章《白克夫人之伟大》，赞扬了赛珍珠对中西文化交流做出的贡献。

踌躇满志的赛珍珠决定将这项工作继续做下去，可她很快考虑到自己并非真正的中国人，对中国传统文化的了解依然比较肤浅。中国传统文化博大精深，要想让西方世界真正了解中国传统文化，必须要精通中国传统文化而又对英语非常了解且能熟练应用的人才可以胜任。赛珍珠要求这个人具备"在迷乱的年代不能迷失方向，能够非常明智地用幽默的方式认识和了解生活，选择自己民族本质且具备特有价值的文化生活"。

赛珍珠为此在中国试用了不少人，这些人不是对中国传统文化了解不够，就是在幽默文化方面欠缺，再不就是对英语的使用不能做到轻松自如。为此，赛珍珠非常苦恼，感觉符合自己条件的人实在太难找了。就在这个时候，林语堂作为中国当时的"幽默大师"进入了赛珍珠的视野。林语堂撰写的汉语幽默小品文，已经用英语撰写并发表在《中国评论周报》上，并附加很多英语小评论，让赛珍珠对精通中英双语的林语堂颇有耳目一新的感觉。

无独有偶，赛珍珠有一次来到了上海，参加一位中国作家朋友的宴请，正好林语堂也在座。内心非常钦佩赛珍珠的林语堂要求坐在赛珍珠旁边，二人对东西方文化的话题谈论得相当投机。宴席散了之后，林语堂就把自己在《中国评论周报》上发表了英语小品文整理了一下送到了赛珍珠的住处。几天之后，赛珍珠要求与林语堂面谈。林语堂马上对赛珍珠发出邀请，请她到家里吃便饭。

当时，赛珍珠与丈夫的感情有些冷淡，而美国一家出版公司的老板华尔希则正在疯狂追求赛珍珠。赛珍珠就告诉林语堂，华尔希已经拜读了送去的那些文稿，并想在自己旗下的月刊《亚细亚》上发表，林语堂满口答应。

赛珍珠邀请林语堂写一本关于中国传统文化的书籍，林语堂也有这方面的意向。就这样，二人一拍即合，《吾国与吾民》的撰写就被林语堂提上了日程。

《吾国与吾民》的主要内容是向西方人介绍中国博大精深的传统文化。林语堂准备从品德、心理、思想等几个方面入手，首先要打好腹稿，然后开始动笔撰写。期间，林语堂还要兼顾杂志《人世间》的日常主编工作，另外还要抽时间打理《论语》杂志的专栏，这些都是事前有协议的，不可以随随便便扔到一旁不再理会。这样一来，林语堂这段时间显得非常繁忙，整日把自己关在书房里写作。有时候，林语堂半夜里忽然间有了什么好的思路，就会马上披衣下床到书桌前奋笔疾书。

妻子廖翠凤看在眼里，急在心上，她担心已经四十岁的丈夫的身体会吃不消。到了夏天，廖翠凤和林语堂商议之后，一家人决定到庐山去避暑。这样既可以让林语堂得到修养的机会，也可以在幽静的环境中搞好文学创作。

林语堂一家人在庐山牯岭租了一个三面都是树林的别院，然后居住了下来。林语堂开始专心写作。一家人闲暇之余也到庐山转转：享有"海内第一书院"美誉的白鹿洞书院，让历朝历代读书人痴迷向往的陶渊明故居，因白居易《大林寺桃花》而名满天下的大林寺。在庐山，林语堂除了在书稿的撰写方面进行得比较顺利之外，领着廖翠凤领略名胜古迹和美丽景色也成为生活的一部分。最让林语堂记忆深刻的还是妻子廖翠凤买古玩时和商人讨价还价的"艺术"：时而浑水摸鱼，将自己看中的古玩说得一文不值；时而欲擒故纵，说一个价格转身就走。出神入化的言辞交涉让整日待在书桌旁写作的林语堂大为赞叹，也首次体会到中国人在商品交易中"砍价"的传统文化，更领略了自己这位钱庄出身的妻子的另一番魅力。

1935 年 9 月，经历一段时期的辛勤耕耘，林语堂的《吾国与吾民》终于在美国出版了。赛珍珠为该书作序，她这样评价《吾国与吾民》：

……中国有一些非常了不起的人，这些人在纷乱的时代并没有迷失方向。幽默的天性使这些人能够明智地了解生活。这种幽默的人性，是中国多少年来用文化积累遗留下来的文化财富。这些人能够在幽默中正视自己的民族和国家，更能理解西方文明。

林语堂能够选择自己民族所特有的文化，这也是我很长时间以来梦寐以求的。我在很长时间里希望中国人里面能够有一些人将自己的民族文化写出来，写成介绍中国人以及中华民族的书籍，为此我满怀渴望，但是，我又多少次失望地将一些虚伪的书籍抛弃，因为伟大的中国并不需要在文化方面做辩护。那些只为了取悦于西方人的书，在描写中国文化方面是失败的……

……正像所有伟大的书籍最终都会出版问世一样，《吾国与吾民》满足了上面的要求。这本书实事求是，幽默而又严肃，通俗而又美妙，对中国传统文化都给予客观而真实的评价。我感觉这是至今为止我看到的最为真实、最为深刻的关于中国文化的著作。需要告诉大家，这本书是中国作家写的，他的文化根基深深地扎在过去的中国……

《吾国与吾民》很快在美国热销，不长时间内被重印了七版，在当年美国图书热销榜里名列前茅。美国多家媒体对这本书进行了报道，其中包括著名的《纽约时报》。另外，《吾国与吾民》还被翻译成很多语言出版，在很多个国家热销，让博大精深的中国传统文化展现在世界人民面前。

四年之后即1937年，林语堂应杂志《宇宙风》的邀请，写了一篇《关于〈吾国与吾民〉》，这样描述自己撰写《吾国与吾民》的过程以及内心想法：

《吾国与吾民》著于民国廿三年春夏秋三季，一部分是在庐山避暑山居时写的。统共约十个月。那时又是《人间世》最热闹时期，兼办《论语》，所以可算是忙里偷闲的工作。自"有闲阶级"之口号发生，"忙闲"二字常在我脑中盘旋。什么是忙，什么是闲，越想越糊涂。忙者未必有功于世，鸡鸣而起孳孳为利是也；闲者未必是新名教罪人，删诗讲《易》作《春秋》之某翁是也。现在物质主义侵入中国，大概若非谈出口入口通货膨胀之徒，便不足齿于忙人之列。我即异于是。张山来说得好："能忙人之所闲者，始能闲人之所忙。"

……

中国人之生活艺术久为西方人所见称，而向无专书，苦不知内容，到底中国人如何艺术法子，如何品茗，如何行酒令，如何观山，如何玩水，如何看云，如何鉴石，如何养花、蓄鸟、赏雪、听雨、吟风、弄月……夫雪可赏，雨可听，风可吟，月可弄，山可观，水可玩，云可看，石可鉴，本来是最令西人听来如醉如痴之题目。《吾国与吾民》出，所言非此点，而大部分人注目到短短的讲饮食园艺的《人生的艺术》末章上去，而很多美国女人据说是已奉此书为生活之法则。实在因赏花弄月之外，有中国诗人旷怀达观高逸退隐陶情遣兴涤烦消愁之人生哲学在焉。此正足于美国赶忙人对症下药。因有许多读者欲观此中底奥及一般吟风弄月与夫家庭享乐之方法，所以书局劝我先写此书。不说老庄，而老庄之精神在焉，不谈孔孟，而孔孟之面目存焉。这是我写此书之发端。

《吾国与吾民》奠定了林语堂在世界文坛的地位，也让西方人在重新认识中国传统文化的同时，认识了中国的"幽默大师"林语堂。国内的媒体也随之而动，很多媒体对林语堂大加赞誉，提高了林语堂在中国文坛的地位和声望。

《吾国与吾民》在美国引起巨大反响，美国人亟待领略这位来自中国的"幽默大师"的风采，重新认识和了解中国博大精深的传统文化。赛珍珠和华尔希向林语堂发出到美国讲学的邀请。当时，林语堂刚刚完成《浮生六记》的英语翻译工作，正准备动笔撰写《中国新闻舆论史》，还准备创办一份新文学刊物，所以就谢绝了赛珍珠的邀请。不过，在接下来不长的时间内，林语堂又动了去美国发展的想法。

中国的传统向来有这样的恶俗，在一个人取得某些显著成就的时候，身边的人一般都会因为嫉妒而恶语相加，即便是学者、名人也不例外。林语堂因为《吾国与吾民》在西方世界以及国内大红大紫的时候，个别文人墨客开始造舆论，说林语堂是在"拿国家传统文化做交易"，出卖民族利益，是可耻行为。林语堂马上撰写文章迎战，反驳这种错误论调。一段时期之后。廖翠凤感觉这样下去不行，碰巧赛珍珠再次邀请林语堂一家人去美国，而美国夏威夷大学也向林语堂发出聘约，这也坚定了林语堂去美国发展和生活的决心。

　　林语堂一家人出国的前一年，岳父廖悦发在厦门的钱庄由于海外和内地来往的公司欠下巨额贷款无法归还，导致钱庄倒闭，很多向廖家讨债的人无奈之下就查封了廖家的产业。当时，廖翠凤的大哥因为吸鸦片身亡。自此，廖家余下的二十多口人都没有经济收入，只有靠着老爷子廖悦发早年的一点积蓄生活，艰难度日。另外，林语堂的家里人这段时期也是多灾多难：林语堂的姐夫去世后留下大姐瑞珠和八个孩子，生活的艰难状况可想而知；林语堂的大哥去世之后留下的孤儿寡母也亟待帮助照顾；二哥林玉霖失业后带着七个孩子生活也颇为艰难；三哥基本处于半失业状态，加上体弱多病的三嫂子，生活每况愈下……家人生活得不如意，让林语堂夫妇除了唉声叹气之外，只能在生活上节约，然后"挤"出钱来接济家人。让林语堂夫妇颇感欣慰的是，在上海的这段生活不错，版税收入比较可观，接济家人方面也有实力。不过，毕竟"僧多粥少"，也让林语堂夫妇费了一番脑筋。

到美国发展

　　林语堂的女儿林太乙回忆，去美国之前，林语堂和妻子廖翠凤除了对到美国之后的生活做详细的安排之外，上海家里的一切也需要做周密地处理。在上海上学的孩子需要退学做好去美国学习的准备；家具能处理的处理，实在舍不得的则需要寄存在亲戚家；来往账目需要结算；房子也要退租。另外，林语堂还有很多的藏书，廖翠凤和林语堂都清楚，书到了美国是需要用的，必须想办法带过去。

　　厦门廖翠凤的母亲听到女儿一家人要去美国，就送来廖翠凤非常喜欢吃的廖家肉松。对美国生活比较熟悉的林语堂知道美国"不允许外国肉类物品进口"的规定，劝廖翠凤别找这份麻烦。此举让廖翠凤非常不高兴，但没有办法。

　　之前，林语堂还抽时间去了一趟北京，向北京的一些好朋友道别。林语堂怀念北京，留恋北京底蕴深厚的历史文化。回到上海之后，《中国评论周报》的两位编辑好朋友特地在上海国际饭店十四层为林语堂一家人设宴送行。林语堂非常感动和兴奋，宴会气氛也非常活跃。

1936 年 8 月 10 日，林语堂一家人做好了远渡重洋的准备。这一天十点开始，来林语堂家里送行的人络绎不绝。林语堂的内心很复杂，毕竟要离开生养教育自己多年的祖国，但他表面依然轻松自如。

下午，有朋友开汽车为林语堂送行。林语堂一家人坐车来到江边，随后踏上等候在江边的"伍员"号小客轮，然后直奔停泊在江心的"胡佛总统号"客轮，踏上了去美国的征程。

夏威夷是太平洋中心部位的群岛，是中国人去美国本土的必经路线，林语堂乘坐的"胡佛总统号"也需要在夏威夷停靠补给。上次去美国留学，客轮抵达夏威夷的时候，因为廖翠凤的盲肠炎导致夫妻二人没有登岸游览。这一次，林语堂决定带领一家人到夏威夷看一看。可是，林语堂一家人还没等下船，就看到岸边有人拉起"欢迎林语堂"的大型条幅，旁边还有很多人在伸着脖子向客轮这边遥望。林语堂一出现，很多人都走上前迎接，还有很多记者用照相机拍照。林语堂来不及多想，就被一群人簇拥了起来，随后脖子上被套上了几个美丽的花环，廖翠凤和女儿也是如此，都笼罩在美丽的花环之中，热烈的场面一度让林语堂不知所措。接下来，林语堂一家人被人领着去吃饭，饭后还有人领着他们到海底世界参观游览，观看夏威夷土著人的草裙舞表演。一直到结束，林语堂都不明白自己究竟为什么会受到如此隆重的欢迎。

"我们是当地的华侨，平时仰慕林语堂先生的名声。听说林语堂先生乘坐'胡佛总统号'要经过夏威夷，特意安排了这个欢迎仪式。"

林语堂这才明白，是因为国内的朋友提前将自己去美国的消息透露给了夏威夷的华侨团体，这才发生了这样令人感动的一幕。

更让林语堂感动的还在后面。等一家人回到客轮上之后，林语堂发现有人送过来一只一尺见方的螃蟹。如此大的螃蟹让一家人有些吃惊，而此时廖翠凤和三个女儿因为不习惯西餐生鱼的味道已经有些饿了。林语堂赶紧想办法将螃蟹撕开，一家人美美地吃了一顿。廖翠凤此时感觉到林语堂作为名人的好处，竟然在夏威夷还有如此被热烈欢迎的场面。

十几天之后，美国旧金山港出现在眼前。

林语堂一家人在美国旧金山下船之后改坐火车走陆路，先来到好莱坞电影城参观游览，随后来到宾夕法尼亚州拍卡西镇的赛珍珠家里。此时，赛珍珠和原来的丈夫已经离婚，和华尔希重新组建了家庭。华尔希是《亚细亚》杂志的主编，还经营着一家出版公司，对林语堂在美国的事业发展和一家人今后在美国的生活都至关重要。

对于林语堂到美国之后的工作安排，林语堂与赛珍珠夫妇进行了沟通。按照林语堂的想法，他准备将中国传统书籍中涉及生活类的书翻译成英文，但华尔希不以为然。华尔希认为，美国人对林语堂说的那些书都不知道，也从来没有听说过，因此不会感兴趣。华尔希是资深编辑，他的提议非常有道理。华尔希让林语堂构思一下《吾国与吾民》里面最后的章节《生活的艺术》，美国的很多读者对那部分内容非常感兴趣，原因是美国现代生活节奏很快，心理上奢望闲适的生活，对中国的茶艺、旅游以及酒文化非常感兴趣，希望林语堂能将《生活的艺术》再详细构思一下，写给美国人看。林语堂欣然答应了下来。

赛珍珠一家在农场居住，环境非常不错，但林语堂感觉自己不可以长时间居住在那里，原因是廖翠凤母女四人吃不惯美国的饭菜，而当地农场根本没有中国餐馆，如此下去女儿会营养不良影响身体健康的。林语堂只好听从妻子廖翠凤的建议来到纽约，在纽约中央公园西边的一个公寓楼里，林语堂一家人总算安顿了下来。林语堂在《林语堂自传·初到美国》（这篇文章是林语堂给上海的好朋友陶亢德的信件）里这样描述刚到美国的情景：

我现居纽约中央公园西沿七楼上，这是理想的失败。本想居普林斯顿大学附近，因原来我准备本年乡居，同小孩赤足遨游山林，练练身体——多美的理想啊！凡梦都是美的。然而第一没有中国饭店，第二纽约的戏剧、美术、音乐看不到听不到，一来往返就费半天——结果又住城市。这与我十年居上海相同。现在打算回国定不住上海——但恐结果又住上海。

诸儿本季不入学，入学也学不到中文，由是课儿问题发生了。内子自己烧饭，诸儿分洗碗碟，这倒是在中国不易做到的。长女如斯到来美才第一次学炒鸡子，你说笑话不笑话？我们一个仆人也没有，只有一个中年妇女每星期来两次洒扫房屋及洗衣服（按小时给钱）。但在美国管家极其方便，购物电话就送到，寄信楼上投入邮筒便了，打电报也拨拨电话机告诉电报局完事（月底算账同电话账送来）……因此诸儿颇得真正教育。无双七点起来就到门外拿牛奶，拿报纸，拾掇房屋，揩拭椅桌，三女相如管倒烟灰，如斯管做咖啡，烧面包。我大约八点起来，吃早饭，看看报上中国消息（颇灵通，每日有 AP 及 UP 通信社，及各报特派驻华通信员来电），大约九时半开始和诸儿读书。

林语堂一家人从中国上海来到美国纽约，生活上有了巨大的变化，这一点可以从林语堂回忆的文字中看出来。当初在上海，妻子廖翠凤在家里雇用四五个仆人，家里的杂事基本不用动手。如今来到纽约，林语堂一家的经济收入状况只能请钟点工，并且每周一次。平时的日常生活，诸如买菜做饭，基本都是廖翠凤负责。廖翠凤之前跟着林语堂在外国留学期间曾经过了一段苦日子，勤劳能干的她对这些丝毫不放在眼里，可林语堂心疼妻子，他就号召三个女儿抽时间给妈妈帮忙。就这样，林语堂一家人终于在纽约开始了新的生活。

林语堂开始了《生活的艺术》的写作。这样一来，他从国内带来的一些藏书派上了用场，因为很多有关传统文化的知识还需要去传统经典书籍里面搜寻。一段时间过后，林语堂忽然间对即将完稿的书稿不满意了，越看越感觉不好，后来干脆一把火烧了。这一举动让妻子廖翠凤大为吃惊，但没有办法，作家撰写稿子像工人制造产品一样，质量非常重要。假如质量不过关的产品到了市场上，不仅会影响销量，还会影响自己的声誉。这一点，林语堂心里非常清楚。

时间紧任务重，林语堂特意聘请了一位秘书。写作时，自己口述，秘书用打字机打出来。这种写作方式可以让林语堂保持心理上的愉悦，而作者在心理愉悦的前提下才可以撰写出活泼幽默的语言文字。

果然，《生活的艺术》按时交稿。当赛珍珠夫妇从林语堂手里接过稿子经过一番审阅之后，华尔希毫不客气地提出了几条修改意见，林语堂虚心接受，认真修改书稿。

正如赛珍珠夫妇之前预感的那样，林语堂的《生活的艺术》向西方人介绍舒闲生活方式的内容，对于整日忙忙碌碌且生活压力很大的美国人来说，犹如炎热的夏天忽然下了一场凉爽的透雨一样，非常适宜。如此的内容再加上林语堂轻松幽默的笔调，让西方人在轻松阅读的同时，领略了东方文化大国的传统文化蕴含的无限魅力。在《生活的艺术·自序》里，林语堂这样介绍自己的这本书：

我也很想把这本书全部用柏拉图对话那种方式写出来。把私人偶然想到的话说出来，把我们日常生活中有意义的琐事插进去，尤其是在美妙恬静的思想的草地上闲荡着，这是一种多么便当的方式啊。可是，不知怎么，我并没有这么做。我不晓得什么缘故。或者我怕这种文章方式现在很不流行，也许没有人要读它，而一个作家终究是要人家读他的著作的。当我说"对话"时，我的意思并不是指报纸访问记之类的对话，或那些切成许多短段落的时评；我的意思是指真好的，长的，闲逸的谈论，一说就是几页，当中有许多迂回曲折，后来在最料不到的地方突然一转，绕过一条捷径，而回到开头所讨论的问题上来，好像一个人爬过一道围篱回家去，使他同行的伴侣惊奇不止一样。啊，我多么喜欢爬过后门的篱笆，绕着小路回家啊！至少我的同伴会承认我对于回家的道路和周遭的乡野是熟识的……可是我不敢这样做。

《生活的艺术》在1937年12月被美国"每月读书会"选为特别推荐书。当时，美国的这个读书组织享有数十万的会员，被"每月读书会"选中的书籍作者，都有一种中国秀才考中状元之后迅速"飞黄腾达"的感觉。当林语堂从华尔希的电话中了解到这个消息之后，全家人沉浸在幸福之中。

《生活的艺术》成为1938年美国最为畅销的书，高居排行榜第一名，并持续五十二周时间。当时，林语堂因为《生活的艺术》火遍了美国大街小巷，以至于美国社会上出现了很多"林语堂迷"。

在林语堂一家人散步时，常常有"林语堂迷"围观并要求签名。

有时候，有不速之客类的"林语堂迷"闯进林语堂家里，要求给林语堂讲笑话，但讲出来之后并不幽默……

曾经有一位交际花来拜访林语堂，趁廖翠凤出去的机会，竟然在林语堂面前卖弄风骚，让林语堂大惊失色。

一位年轻的"林语堂迷"在大街上看到了出门游玩的林语堂一家人，就开始尾随而行。林语堂一家为此很烦恼，为了躲避只好租了一条船来到了河里。可是，那位追随者竟然脱光衣服跳进了河水里。

澳大利亚读者西登·皮尔顿阅读《生活的艺术》的经历尤为让人感动。1942年2月的一个不幸的日子，澳大利亚炮兵士官西登·皮尔顿被日军俘虏并关到战俘营。之前，这位炮兵曾经悄悄地将《生活的艺术》藏进了背囊。开始几天，西登·皮尔顿只是将这本书偷偷取出来看几眼。后来，这位炮兵士官下定决心，准备细细研读《生活的艺术》。最终，西登·皮尔顿花费两个月的战俘营时间读完了《生活的艺术》。这本书给了西登·皮尔顿重新生活下去的勇气，也让这位炮兵士官用战俘生活体验了一把"生活的艺术"。

从上面一些片段可以看出，当时林语堂的写作已经得到西方人们的普遍认可。据说，著名作家张爱玲非常羡慕身在美国的林语堂取得的荣耀。从中可以看出，《生活的艺术》再一次将林语堂推向世界文化大师的行列。

《生活的艺术》曾经在美国被重印四十版之多，还被翻译成十几个国家的语言文字。1936年的一天，美国《纽约时报》和美国"全国书籍出版者协会"一起举办图书展览，期间有作家演讲的安排，林语堂因为《生活的艺术》畅销的缘故而榜上有名。当时，很多美国读者对《生活的艺术》的作者有很多浪漫的遐想。林语堂开始有些犹豫和担心，但后来勉强同意了，就穿上国内的蓝缎袍子，在清风吹拂下飘飘悠悠走上了台下满是西装革履的美国人的演讲台上。林语堂"东方式的绅士风度"在演讲台上得到了充分展现，让美国人领略了东方文化大师的魅力。

第五章

在抗战的枪声中

满腔爱国心

　　林语堂来到美国还没有两个月，震惊中外的"西安事变"爆发了。1936 年 12 月 12 日，中国爱国将领张学良、杨虎城在西安突然扣留了当时的中国领袖蒋介石，准备逼蒋抗日。当时，美国社会普遍震惊，尤其是华侨，都在密切关注中国西安的变化。美国著名杂志《时代周刊》大楼顶上采用霓虹灯显示屏，随时向关心中国时局的美国民众滚动播报"西安事变"的最新动态。身在美国的爱国华侨都忧心忡忡，担心多灾多难的祖国会因此陷入更大的战乱之中，都在为国家民族的前途担忧。身在异国他乡的华人都希望中国人能够团结起来，驱逐侵华日寇，让祖国重新踏上欣欣向荣的经济建设之路。

　　根据林语堂的女儿林太乙的回忆，当时关心国内政治形势的林语堂担心错过最新动态，就带了简单的饭食来到时代广场，坐等观看"西安事变"的最新进展。他发现，很多黑头发、黄皮肤的中国人都在那里翘首观望，他们都在期盼祖国西安传来的好消息。

　　几天之后，美国哥伦比亚大学举行了事关"西安事变"的公开讨论会，特意安排三位中国代表发言，其中就有林语堂。对英语比较精通的林语堂早就知道，美国人对"张"和"蒋"两个字的发音非常相近，所以搞不清"西安事变"究竟是蒋介石抓了张学良还是张学良抓了蒋介石。林语堂首先纠正美国部分媒体在言辞方面犯的错误，然后从民族大义的角度出发，详细向与会者分析了"西安事变"的根源，最后预测了一下发展趋势。林语堂大胆预测，张学良最终会释放蒋介石，接下来中国人民将团结一心抵抗日寇入侵。后来的事实证明了林语堂预测的正确性。

"西安事变"和平解决之后，中国上海文化界发表《文艺界同仁为团结御侮与言论自由宣言》，向全中华民族的文化界人士发出号召，要求大家"为抗日救国而联合"。这份宣言上有二十一位知名作家签名，林语堂是其中之一。

林语堂来到美国不到一年时间，中国国内再次发生了举世瞩目的大事件：卢沟桥事变爆发，日本军队对中国发起了全面进攻。日本军队很快占领北平，随后大举南下，入侵中原。另外，日本军队又从上海开始对我国展开疯狂进攻。日本政府扬言，准备在三个月之内灭亡中国。

世界为之震惊！

当时，身在美国的林语堂听到消息后也大吃一惊！他很快联合了旅美华侨，大家团结一心，一起为中国的抗日战争做力所能及的工作。

对于日本侵略中国的战争，当时的美国政府采取中立政策。卢沟桥事变之后，时任美国国务卿的赫尔发表声明，称美国与日本的关系是"友好的"，对中国和日本之间的作战采取"不偏不倚的立场"，即孤立主义。很多坚持孤立主义立场的美国政客发表文章，主张美国不应该卷入中日之间的战争旋涡，而同情中国的一部分美国人则痛斥所谓的孤立主义。

作为旅居美国的中国作家，林语堂也在想办法呼吁美国支持中国的抗日战争，反对美国政府所谓的孤立主义。美国杂志《新共和周刊》的主笔邀请林语堂写稿子，林语堂毫不犹豫撰稿斥责部分美国人的孤立主义，呼吁美国人用实际行动支持中国的抗日作战。《纽约时报》请林语堂撰稿分析中日战争的时代背景，林语堂撰稿痛斥日本的侵略给中国带来的灾难。时任中国驻美大使王正廷特意邀请林语堂到美国首都华盛顿，向美国一些政客阐述中国抗日作战的立场，表明中国政府坚决抗战的决心，呼吁美国政府支持中国。

林语堂不仅在美国宣传中国的抗日政策，还找机会到其他国家去宣传，充分发挥自己的英语和文学专长，为中国抗战出力。1937 年 8 月 26 日，林语堂在英国《泰晤士报》发表《日本征服不了中国》，向英国民众详细分析了 1931 年以来日本逐步侵略中国的历程和时代背景，向英国民众表示：抗战士气高涨与团结一致的中国人，绝不会被日本法西斯嚣张的侵略气焰征服，"最后的胜利一定是中国的"。林语堂的这篇文稿寄回国内，经过翻译之后在 1937 年 9 月出版的《西风》杂志第十三期发表。

这段时期，正是林语堂的《吾国与吾民》即将出版付印时期。林语堂抓紧时机，马上补写了八十页的宣传中国抗战政策的书稿，编为第十章，题目定为《中日战争之我见》。在书中，林语堂从中国传统文化的角度出发，表达并论证了中国必胜，对祖国未来的光明前途充满了信心。他这样写：

我国抗战，绝非如普通历史上两国交绥争雄图霸之战争，故我之抗战，实为民族战争，亦即为革命战争。革命战争者，非时间与空间所能限制，非财政经济与交通上外来之阻难所得而限制，更非毒气与炸药等一切武器之悬殊与伤亡牺牲之严重，更不因物质供给之缺乏而影响于作战。即令武器经济全无供给，海上交通全被封锁，盖民族革命之长期战争，未有不得到最后之胜利，而且于此次战争之过程中，益可证明敌寇侵略之暴力愈肆，吾人之抵抗力亦必愈强，战争中伤亡消耗愈大，而我新生力之发展，以及我创造力与建设力之恢复，亦必愈速……

从1939年初开始，战争的基本特性将会改变，日本将要在占领区打一场消耗性的防御战，并要极端艰难而又小心翼翼地向中国其他地区推进，中国要在各条战线上，或者没有战线的战线上，进行一场拉锯性的攻防战。中国四分之三的兵力都出现在某一点上，这种情况再也不会出现。因为自然地形并不要求把兵力集中，大兵团的作战力量将要分遣到全国各地，去选择有利于自己的地形，牵制敌人，使他们到处应接不暇。然而在战争的头一年半里，中国的疆域是如此之大，日本人可以选择自己认为最佳的时间和地点发动进攻；与此同时，那些扩大了的被占领区也为中国人提供了同样众多的可供选择的进攻机会。总的来说，中国将保持进攻的主动性。这将成为中国抵抗战争的特性。

林语堂用英语写了很多政论文章，向世界宣传中国的抗战政策和坚定立场，争取国际上的援助，在国际上产生了积极影响。1937年11月，美国英文杂志专门出版《亚细亚·中国抗日战争专号》，刊登林语堂和赛珍珠的文章。

当初，林语堂一家人离开祖国来美国时，买的是往来船票，期限是一年，即在一年之内可以随时乘坐"胡佛总统号"回国。按照林语堂事先的安排，他们一家人在美国生活一段时期之后就回到北平定居。这一点，可以从林语堂出国之前将家具寄放在亲戚家的安排中可以看出来。如今，中国战火纷起，北平沦陷在日寇铁蹄之下，而上海正笼罩在炮火的硝烟之中，打乱了林语堂一家人的计划。林语堂只能在推迟回国的日期的同时，从内心痛恨日寇法西斯的残暴行径。

当时，美国的民众纷纷站到中国的立场上支持中国的抗战，他们组织起来抵制日货。最为明显的是美国妇女抵制日本生产的丝袜。很多美国女大学生拒绝穿日本的丝袜，改穿棉质袜子。有一部纪录片详细记录了当时的情况，一些女学生纷纷将丝袜扔进垃圾桶里，男生则拒绝与穿日本丝袜的女生跳舞。

身在美国的林语堂将美国民众支持中国抗战的消息在中国媒体做报道，以此鼓舞中国人民的抗战士气。另外，林语堂支持妻子廖翠凤在美国参加一些救亡工作。当时，美国纽约华侨组织中国妇女救济会，向美国民众宣传中国的抗日政策，争取美国民众的支持。在林语堂的鼓励支持下，廖翠凤每天都会去妇女救济会工作，尽管没有报酬，但爱国华侨为了祖国的抗战，没有一个人拉后腿。期间，廖翠凤还积极为救济会出谋划策。她们组织人员开展古董义卖、京剧表演等系列活动，采取多种形式为祖国募捐。首批募捐到的三万美元，马上汇到中国去支援抗战。

到1938年，中国抗战已经一年。林语堂一家响应"有钱出钱，有力出力"的抗战号召，采取各种形式积极支援祖国抗战。当时的中国，因为战乱导致国内经济大滑坡，物价飞涨，很多国人都在将国民政府发行的法币兑换成美元，以求自保。身在海外的林语堂却没有那么做，妻子廖翠凤尽管是钱庄出身，深知货币贬值之后会一文不值的重要性，但他们却将一万六千美元和两万三千美元兑换成十万银元法币和十三万银元法币，然后毅然决然地存入中国银行，以此表达对中国必胜的信心，支持中国的抗战。

林语堂当时在美国文化界有一定的影响力，加之其后来在写作方面的显著表现，让林语堂成为美国民众中的"名人"。因此，林语堂在美国撰写文章支持中国的抗战，积极宣传中国的抗战政策，在一定程度上影响了美国的舆论导向，使美国舆论的"中立态度"偏向了中国一方。这一点，日本的舆论界也承认中国文化大师林语堂的宣传作用。毕竟，林语堂是美国民众心目中的公众人物，他的言行举止在美国的影响非同一般。

《京华烟云》

1938 年 1 月，在美国通过各种手段为中国的抗战提供力所能及援助的林语堂一家，正在做离开美国的准备。离开美国的原因有多个，首先他们的旅行护照期限已到，再有就是美国对于中国抗战的态度比较冷淡。当时，美国政府的"排华法案"还没有取消，这让林语堂在心里对美国产生了一层阴影。从经济的角度上考虑，林语堂一个人的写作，一家五口在消费水平相当高的纽约生活，的确困难很大。综合考虑之后，林语堂一家人决定乘坐"萨维亚号"客轮去法国巴黎。

林语堂在美国文化界经历了一段时间的磨炼，有了一定的地位和经验，他下一步准备将中国文学经典名著《红楼梦》翻译称英文，让美国人再次了解一下博大精深的中华传统文化。

之前，在西方一些国家早就出现过《红楼梦》的译本，只不过由于译者对两种不同语言文化的了解水平问题，导致译本与曹雪芹原著的差异较大，无法将《红楼梦》中高深的传统文化和精湛的语言艺术传输到外国人心中。国内有很多翻译专家，因为国内社会环境的限制，对完成文学经典巨著《红楼梦》的翻译工作颇感心有余而力不足。思忖再三之后，林语堂就着手《红楼梦》的翻译，可他很快发现，《红楼梦》语言非常精妙，用英语翻译困难非常大。林语堂感觉，与其翻译《红楼梦》，倒不如借鉴《红楼梦》的创作思路用现代英语直接创作一部反映中国当代现实生活的小说，再结合当时中国民众抗战情况，让西方人从中了解一下中国人民在战火下的实际生活，或许是一条切合实际的道路。

林语堂将创作思路说给赛珍珠，赛珍珠夫妇表示支持。

在创作之前，林语堂给这部作品定的主旋律是纪念为中国抗日战争牺牲的优秀男儿。这一点，在林语堂给好朋友郁达夫的书信中可以看出来：

达夫兄：得亢德手札，知吾兄允就所请，肯将弟所著小说译成中文，于弟可无憾矣，计此书自去年3月计划，历五月，至8月8日起稿，今年8月8日完篇。纪念全国在前线为国牺牲之勇男儿，非无所为而作也。诚以论著入人之深，不如小说。今日西文宣传，外国记者撰述至多，以书而论，不下十余种。而其足使读者惊魂动魄，影响深入者绝鲜。盖欲使读者如历其境，如见其人，超事理，发情感，非借道小说不可。况公开宣传，即失宣传效用，明者所易察。弟客居海外，岂真有闲情谈说才子佳人故事，以消磨岁月耶？但欲使读者因爱佳人之才，必窥其究意，始于大战收场不忍卒读耳。故卷一叙庚子至辛亥，卷二叙辛亥至新潮，专述姚家二姐妹，曾家三妯娌，外亲内戚，家庭之琐碎，及时代之变迁。卷三乃借牛曾二家结怨，写成走私汉奸及缉私锄奸之斗争，重心转入政治，而归结于大战。由是旧派节妇孙曼娘反成抗日精神之中心，牛家叛徒黛云出而为锄奸杀兄之领袖。至陈三环儿黛云之入游击队，阿通肖夫之从戎，阿梅之受辱，素云之悔过不甘为汉奸，为日人所杀，曼娘之惨死乡下，木兰之逃难，遂入开战初半年范围。廿七年元旦，木兰陪夫挈女，在四十万难民之旋律中，载满一小车孤儿向天台山进发。适遇开赴前方军队，万民欢呼之声，如裂帛，如洪涛，排山倒海而来，军士唱着"还我河山"之歌，——河山响应，动天地而泣鬼神，易惨戚为悲壮……

　　林语堂写给郁达夫的这封信日期是 1940 年 9 月 4 日，从信的内容中可以看出，林语堂的《京华烟云》已经完稿。

　　《京华烟云》是用英语创作的，原名《Moment in Peking》。作品以曾、姚、牛三大家族从清朝末期到抗日战争期间的生活为主线。小说分三卷。第一卷《道家女儿》，时间跨度从 1900 年到 1909 年，讲的是北京城里的富商姚思安由于八国联军的入侵而举家离开京城，途中丢失了十岁的女儿姚木兰。姚木兰十三岁之后被官员鲁文朴收留。长大之后美丽聪慧的姚木兰被鲁家三公子鲁新亚看中，后来成亲。可是，之前有一位青年孔立夫走进姚家生活，并成为姚木兰的意中人。就这样，木兰已经成为鲁家媳妇，可心里想的却是孔立夫。

　　小说第二卷《庭院悲剧》讲的是作威作福的牛家衰败的过程。之后将笔墨转到姚家。姚家大儿子姚迪人亡故，其母亲得病久治不愈，姚木兰舅舅冯泽安的女儿红玉投水自杀。姚思安感觉自己与尘世的缘分已尽，就削发出去远游，并扬言十年之后再回家。

　　小说第三卷《秋季歌声》，描写五四运动前夕到日本侵略军攻占南京时段中姚、鲁两家的生活。随着时间的推移，姚鲁两家的第三代已经长大成人，日本侵略军给中国带来了巨大灾难。姚木兰一家人离开杭州西去，沿途收留了三个孤儿和一个婴儿。姚木兰感觉人生的秋天已经到了，但春天的脚步已经迫近……

《京华烟云》从 1938 年 8 月 8 日动笔，第二年 8 月 8 日完稿，林语堂用一年时间完成了这部七十多万字的巨著。根据林语堂的女儿林太乙的回忆，林语堂在创作时，有时候一天写作达十九页，写到作品人物悲怆时，由于情绪过于投入就伏案哭泣。在完稿之后，林语堂提议全家到中国饭馆吃饭庆贺，可妻子廖翠凤却让林语堂先去理发，从这一生活细节可以看出林语堂在文学创作中的投入。

赛珍珠夫妇看完《京华烟云》的手稿之后，华尔希对林语堂说了这样一句话："或许，你还没有意识到自己作品的伟大。"果然不出这位老编辑的预料，当年 9 月，《京华烟云》出版之后，再次被美国"每月读书会"选中。美国著名刊物《时代周刊》评论说："《京华烟云》有成为中国经典小说的可能。"

《京华烟云》出版后，美国"每月读书会"将林语堂的这部作品评为特别推荐的书，让林语堂再次成为美国文学界瞩目的人物。《京华烟云》的成功向读者证明，林语堂不仅能写杂文和散文，在小说领域也能独领风骚。

在《京华烟云》的扉页里，林语堂这样写：

谨以 1938 年 8 月至 1939 年 8 月期间写成的这本书献给英勇的中国士兵。他们牺牲了自己的生命，我们的子孙后代才能成为自由的男女。

《京华烟云》在美国出版之后，林语堂很想让中国的读者看到，以此在精神方面支援中国的抗战。1939 年，林语堂给好朋友郁达夫写信，希望郁达夫能够将英语版《京华烟云》翻译成中文。令人感到奇怪的是，精通英语而又对中国传统文化有研究的林语堂为什么不亲自翻译自己的《京华烟云》呢？分析一下无外乎这几条原因，首先，林语堂当时手头工作比较忙，抽不出翻译《京华烟云》的时间；其次，林语堂和郁达夫是知心朋友，他了解郁达夫的英文、中文水准。因此，林语堂选择郁达夫，绝对有充分的理由。为此，林语堂特意将英语版《京华烟云》中引用的典故、人名、地名以及成语做了注解，然后邮寄给郁达夫。为了让郁达夫避开生活上的困扰安心工作，林语堂还汇给郁达夫一张五千美元的支票。

但是，令人难以理解的是，郁达夫翻译的中文版《京华烟云》只在英国情报部门主办的《华侨周报》连载过一段时间，后来就不了了之了，留下了一桩令许多人费解的文化悬案。

不过，值得一提的是，郁达夫接受林语堂的翻译邀请，正是和妻子王映霞发生婚变的时候，估计是郁达夫忙于家事，没有心思再搞翻译工作。然而，五千美元的汇款是接受了，郁达夫肯定感觉对不住朋友，但林语堂对五千美元的事情却是守口如瓶，凸显二人的友谊。不管怎么说，《京华烟云》中文版没有在抗战烽火中的中国出现，没有让炮火下的中国读者一睹为快，非常可惜。

《京华烟云》英语版在西方出现之后，日语版《京华烟云》在1940年就出现在日本书店里，并且还出现三种译本：《北京历日》《北京之日》《北京好日》。另外，日本人将《京华烟云》中中国军民抗日救亡的情节进行了删除，有些地方甚至还歪曲了林语堂原著的意思。支援中国抗战的"精神食粮"《京华烟云》没有在中国出现中文版，却在日本出现了删除中国抗日救亡情节的三种译本，的确令人深思。

纠结的重庆

　　完成《京华烟云》的创作之后，林语堂本来应该放松一下，游览一下欧洲的名胜。可是，1939年后半年的欧洲已经笼罩在战争的乌云之下。德国法西斯头目希特勒已经将军队"武装到了牙齿"，开始对欧洲其他国家虎视眈眈，战争成一触即发之势。人们都在为战争的到来做准备，巴黎大街上到处张贴着征召后备军人的告示。林语堂租住房屋的房东儿子就在征召范围，女主人为此哭得非常伤心，让林语堂一家人也感觉到危险的来临。颇有经济头脑的廖翠凤首先购买一百斤大米和一些蜡烛，做好了断粮断电的准备。

　　欧洲的形势不容乐观，中国国内的作战形势已经进入战略相持阶段，中日双方军队此时都发觉难以寻找到"致对方于死命"的机会。林语堂经过反复考虑，决定先回美国，然后再返回中国，亲眼看看国内的抗战情况。

　　1939年9月，第二次世界大战爆发，欧洲笼罩在战火的硝烟之中。当年11月12日，林语堂在美国《纽约时报》上发表文章《真正的威胁不是炸弹，是概念》，痛斥法西斯对世界文明的摧残，引起广大美国民众的注意。当年的 12 月，林语堂在《中国》月刊上发表《远东是近邻》，再次呼吁美国支持中国的抗战。林语堂的这些文章，旨在呼吁美英政府加强对中国抗日战争的重视，加强对中国抗战的援助。另外，作为美国民众心目中的名人，林语堂也应邀参加很多次演讲，内容无不是对当时引发世界上遍地战火的法西斯进行控诉。比如，在 1939 年 5 月从法国巴黎来纽约参加国际笔会的大会上，林语堂就发表了《希特勒与魏忠贤》的演讲，将当时德国人对希特勒的追捧与中国明朝人对魏忠贤的崇拜相提并论。他在演讲中断言，希特勒终究会像魏忠贤一样自杀身亡，原因是他们一样"不近人情"。在 1939 年 6 月 28 日，林语堂在《大美晚报》发表《我的信仰》，将世界上各种宗教信仰归结在"近人情"思想上，从信仰的角度来抨击法西斯的侵略罪恶。在这篇文章中，他这样写：

宗教的信条亦是无时不变的。"遵守神圣的安息日"此教条往昔被视为重大非凡，不得或违，在今人看来则殊觉无关紧要。时处今日，来一条"遵守神圣的国际条约！"的信条，这倒于世有益不浅。"别垂涎邻居的东西"这条教条，本含义至广，然另立一条"别垂涎邻国的领土"而以宗教的热诚信奉之，则较妥善多多，并更为有力量矣。"勿得杀人"的下面再加"并不得杀邻国的人"这几个字，则更为进步了。这些信条，本该遵守，然事实上则并不。于现代世界中创造一个包含这些信条的宗教殊非易事。我们是生存在国际的社会中，然而没有一个国际的宗教。

我们乃是活在一个冷酷的时代中。今人对于自己及人类，比一百五十年前法国的百科字典家还悲观无信念。与昔相较，我们愈不信奉自由平等博爱了。我们真愧对狄德罗及达·郎贝耳诸人。国际道德从没如今这样坏过。"把这世界交给1930-1939年的人们真是倒霉！"将来的历史家必是这么写的。只以人杀人一端而论，我们简直是处于野蛮时代。野蛮行为加以机械化敢不是野蛮行为了么？处于这个冷酷的时代唯有道家超然地愤世嫉俗主义是不冷酷的。然而这个世界终有一天自然而然地会变好的。目光放远点，你就不伤心了。

林语堂在西方媒体发表的文章和演讲，向世界人民表明中国政府对日作战的坚定决心，提高了中国政府在同盟国中的威信，也让当时中国的蒋介石政府看到了林语堂身上的潜在价值。

1940年5月，林语堂一家人经过商议之后踏上了回国的路程，首先抵达了香港。当时，廖翠凤的很多家人在香港躲避战乱（香港在1941年12月沦陷）。廖家人看到廖翠凤后，非常关心三个女儿回到祖国内地后的安全，但林语堂的三个女儿表现出了坚定的信心，丝毫没有被传说中的日本侵略者吓倒。当月22日，林语堂一家人乘坐飞机抵达当时的陪都重庆。

在重庆，林语堂成为新闻记者追踪的焦点人物。看到重庆街头"有钱出钱，有力出力"，"抗战必胜，建国必成"的抗战标语，林语堂似乎看到了前线硝烟弥漫的战场，看到了正在向日寇冲锋陷阵的中国战士，看到了因为战争而流离失所的劳苦大众。

林语堂本想低调回国，但新闻界还是为他安排了记者采访。当时，人们关心的不是林语堂的文学著作情况，而是迫切想从林语堂口中了解美国政府对中国抗战所采取的政治态度。令记者们感到吃惊的是，之前在国内各个文学派别之间从来都采取"中立"态度的林语堂，这次回到重庆之后，开口一改记者心目中"幽默大师"的形象，所说言论观点立场都明显支持蒋介石政府。

林语堂到重庆之后，一家人居住在距离重庆市四十里路的北碚区域。第二天，林语堂就去拜见了蒋介石夫妇。随后，林语堂撰写《新中国的诞生》文章，文中说蒋介石是一位伟大的领袖，其智慧和道德观念，完全可以对付日本的入侵和处理国共两党的纠纷，这样的内容让蒋介石夫妇非常高兴。

林语堂一家人来到重庆的第三天，就遇到了日寇飞机对重庆的空袭。随着刺耳的防空警报响起，林语堂一家人跟着老百姓躲进防空洞。从那时起，三个女儿到了晚上都和衣而睡，随时做好躲避空袭的准备。后来，林语堂一家人来到重庆缙云山寺庙里居住，可是，他们在北碚的房子被日寇飞机投下的炸弹击中，炸成了一片废墟。

回国之后，林语堂整日在防空警报下生活，根本没有拿起笔来写作的可能。几经思忖，林语堂感觉与其这样担惊受怕留在国内，还不如到美国写文章为抗日做贡献。在抗日的战场上，林语堂感觉自己的武器是手中的笔，用这支武器在世界媒体上呼吁对中国抗战的支援，才能发挥自己真实的价值。这样在国内东躲西藏，等于将手中的"武器"埋葬了，也无法为抗战出力。可是，假如现在他们一家人离开中国，肯定会有人站出来说他林语堂是"逃兵"。这样名声不好，可留在国内不做"逃兵"难道就能为抗战做贡献？两条路比较一下，林语堂感觉不能只为了避讳"逃兵"名声而留在国内，应该到国外拿起笔来为中国的抗战做宣传。

主意已定，林语堂给宋美龄写了一封信，说明自己的想法，征求一下宋美龄对这件事的看法。

宋美龄支持林语堂回到美国，林语堂一家就开始做返回美国的准备。临行之前，蒋介石夫妇在官邸为林语堂一家人设宴，欢送林语堂回美国。另外，蒋介石还聘任林语堂做自己的侍从室顾问，林语堂欣然接受。这样一来，林语堂就可以不像 1940 年之前那样需要每六个月离开美国一次，然后再重新申请入境。现在，林语堂接受了蒋介石侍从室顾问的官衔，就可以享受中国"官员签证"待遇，没有必要六个月重新办一次签证了。

1940 年 8 月，林语堂在离开重庆前，将北碚的房子——重庆北碚蔡锷路二十四号一套四室一厅的住房连同家具全部捐献给中华全国文艺界抗战协会，并写了一封信：

敬启者，鄙人此次回国，不料又因公匆匆去国，未得与诸君细谈衷曲为憾。惟贵协会自抗战以来，至为钦佩。鄙人虽未得追随诸君之后，共纾国难，而文字宣传不分内外，殊途而同归。兹愿以北碚蔡锷路二十四号本宅捐出，在抗战期间，作为贵会余址，并请王向辰先生夫妇长久居住，代为看管。除王先生夫妇应住二间及需要家具外，余尽公开为会中器物，由理事会点查处置。聊表愚忱，尚希哂纳。并祝努力。

弟与诸君相见之日，即驱敌入海之时也。

此致

中华全国文艺界抗战协会

林语堂敬上

1940 年 8 月 17 日

时任协会总务部主任、中国著名作家老舍先生代表中华全国文艺界抗战协会接受了林语堂的捐赠和那封信，随后在北碚召开的会员大会上公开宣读了林语堂的书信。

从回国到返回美国，林语堂一家人在重庆待了约三个月时间。这短短的三个月尽管给林语堂留下了深刻的印象，可他随即返回美国，马上引起很多人的不理解。新闻舆论界议论纷纷，都在说林语堂经受不住防空警报的惊吓，要当逃兵了。

果然不出林语堂的预料。

　　坚持这种看法的不只是旁人，连林语堂的大女儿林如斯也坚持这样的观点。林如斯感觉，现在自己即便不能像抗战的士兵的那样穿着草鞋、吃着糙米扛枪和日寇战斗，也应该到前线战地医院为受伤的军人尽微薄之力，不能因为是林语堂的女儿就享受到躲到国外的"特殊礼遇"。林语堂一家人到了香港等候去美国的客轮时，林如斯依然坚持自己的观点，并为此非常伤心。后来，林如斯将在重庆的这段生活写成一本书——《重庆风光》，于1940年出版发行。

　　林语堂身背一身"逃兵"的责骂返回美国，可国内舆论界对林语堂的声讨依然不变。作为好朋友的郁达夫终于挺身而出，为林语堂说了几句公道话：

　　……文人相轻，或者就是文人自负的一个反面真理，但相轻也要轻有理才对。至少，也要拿一点真凭实据出来。如林氏在国外宣传得成功，我们则不能说已经收到了多少的实效；但至少他总也算为我国尽了一分抗战的力，这若说是镀金的话，那我也没有话说。总而言之，作家是要靠著作来证明身份的……

　　郁达夫在替林语堂说话的同时，也期盼林语堂在美国能有所表现。果然，林语堂回到美国不久，《纽约时报》就刊登了《林语堂断定日本已经走上绝路》的记者采访报道。林语堂还向《纽约时报》投稿，揭露美国政府在中日问题上的两面派做法。在文章中，林语堂指出，美国政府表面说同情中国人民，可背后将石油和武器卖给日本人，美国人这种阳奉阴违的做法最终会自食其果。林语堂的这份稿子在美国媒体之间被不断转发，他也利用各种机会发表演讲，争取美国人民对中国抗战的实质性支持。

"我不是逃兵"

1941 年末，林语堂的预测终于变成了现实。

12 月 7 日这天，林语堂应邀参加一位杂志创办人的家庭聚会。期间，有人忽然宣布了一个重大事件：日本人偷袭了美国的珍珠港，给了美国海军重大打击。

当时，很多客人都在紧张地打电话、收听广播，试图了解事情的真实情况，而此时只有林语堂稳如泰山，因为他事前就有这方面的预料。日本人向来善于偷袭，在对待美国的问题上，尽管美国在背后卖给日本一些军用物资，可日本的野心在逐渐膨胀，迟早会在美国的背后插上一刀。这一点，林语堂在之前的文章和演讲中已经有所描述，可美国政府对这样的提醒没有在意。

如今，美国马上对日宣战。总统罗斯福不断在美国国会上说，对中国的援助少了、晚了，中国才是美国的真正盟友。这些话让美国的华侨拍手称快，奔走相告。

1941 年，中国抗日战争进入相持阶段的第四个年头。林语堂根据自己对国内军民抗战的了解，在《京华烟云》的基础上，创作了第二部长篇小说《风声鹤唳》。美国的《纽约时报》评价这本书是中国的《飘》。

《风声鹤唳》是《京华烟云》的续篇，其中内容是《京华烟云》中姚家的人在《风声鹤唳》中找到了下落，并且很多故事情节和《京华烟云》都是一脉相承的。故事发生在中国抗日战争爆发的前一天。主人公丹妮放荡不羁、个性飞扬，在战争的硝烟中依然坚强不屈，依然对男主人公抱有忠贞的爱情，他们的爱情历经战火的洗礼让读者感动。小说描述的战争犹如一场大风暴，所有的东西都要受到影响，包括人们生活的方方面面。林语堂通过对战争中的爱情故事的描写，向人们传达战争对女人的影响、对生命的感悟。

1943 年，林语堂出版了论述当时世界政治局势的书籍《啼笑皆非》。书分为四卷，第一卷"局势"，论述当时世界上的战争危险局势。林语堂从不同的角度向读者说明，当第二次世界大战硝烟正浓的时候，第三次世界大战正潜伏于世界中，应该让人们警惕。本卷也从另一个侧面论述了亚洲复兴之后给世界政治格局带来的新变化。第二卷"道术"，论述国际社会上道术的沦丧以及从物质主义角度解决这种危机的错误，还论述了世界不同民族之间的各种偏见、数学迷信等。第三卷"征象"，批评当时国际社会在战争之后和平就会来到观点的论述专著，从西方国家角度讨论世界和平的新格局。第四卷"治道"，从学术思想的角度分析世界百年以来文化的走向，由科学穷极思变的理念来摆脱唯物机械的哲学观点，建立自由意志的思想哲学基础。

1943 年秋天，林语堂带着亲自翻译的中文本《啼笑皆非》从迈阿密离开美国，途经埃及开罗、印度加尔各答，最终穿越喜马拉雅山抵达中国昆明，再一次回到了战火纷纷的祖国，开始了长达六个月的国内旅行。他在当时重庆的中央大学发表演讲《论东西方文化与心理建设》。林语堂的《林语堂自传·论东西思想法之不同》这篇文章代表了林语堂这种观点。他这样写：

中国人不重形而上学，因为与身体力行无关。老庄有形而上学，但是言简意赅，还是令人自己揣摩。子贡问："死者有知乎？"孔子很幽默地答道："等你死后，就知道了。"（见《孔子家语》）一句话把死的问题排开。董仲舒讲阴阳，有天人合一之论，是有形而上学色彩的……

中国人的思想法重直感，西洋人的思想法重逻辑；西洋人求知，中国人求道，因此中西思想重点趋向各不同。求道就不能不把知降一格，把行字提高一格，而所谓求知的知也变质了。结果二千五百年之中国哲学经过任何变化，不离道之一字，而成为实践主义的思想。道就是路，就是子路由也所欲由的路。此地先讲西洋哲学，因为偏重逻辑所发生的问题，及所遭的困扰，与最近稍为补正之办法。

这种论点与当时中日战火正浓、国内国共两党对峙的复杂局面有些不合时宜，所以遭到国内一些作家的舆论攻击。可是，在国内很多作家和林语堂论战之时，林语堂却在此次回国期间先后六次被蒋介石夫妇接见。政治敏锐度比较高的新闻记者和作家们都明白了：林语堂的政治倾向已经非常明朗了。

1944 年 3 月回到美国之后，林语堂准备将这次回国见闻写成《枕戈待旦》一书，从个人角度详细地分析中国当时的政治局面。当时，美国的着眼点普遍集中在中国国共两党的关系上，尤其对蒋介石政府的独裁政策颇为不满。林语堂就给蒋介石写了一封信，介绍美国当时的舆论倾向，随后又给宋美龄写信，说感觉美国舆论气氛"比较恶劣"，感觉自己不想写《枕戈待旦》了。不过，妻子廖翠凤劝林语堂此时要冷静下来，继续写《枕戈待旦》。

果然不出林语堂所料，《枕戈待旦》出版之后，里面浓厚的"亲蒋"观点在美国遭到了冷落。更有甚者，竟然有人说林语堂接受了重庆蒋介石政府的贿赂，所以才这样不惜余力为蒋介石"摇旗呐喊"。美国的很多"中国通"作家，诸如中国人熟悉的斯诺、史沫特莱等纷纷与林语堂展开论战，林语堂颇感孤立无援。

第六章

苦闷时也曾无助

发明中文打字机

　　1946 年，林语堂已经五十出头。自 1936 年从上海来到美国，林语堂在国外生活已经十年了。随着林语堂的《生活的艺术》《京华烟云》等几本书在美国的畅销，他的知名度也在上升，不断有知名大学授予林语堂博士学位、作家、才子、哲学家等赞誉和称号，经济收入也逐渐增多，已经积攒了十几万美元的资产。拿中国老百姓的话说，林语堂这几年在美国混得不错。

　　等经济条件好了之后，林语堂萌生了一个大胆的想法——他想发明制造中文打字机。

　　一个文学家、作家、哲学家，忽然想到要发明制造中文打字机，这让旁人有些莫名其妙。可是，细想一下，林语堂有这种想法也很正常。文学家都充满幻想，而且林语堂写作用笔书写远不如打字机效率高，林语堂出现这样的想法也在情理之中。再说，中国商务印书馆在 20 世纪 20 年代推出的中文打字机非常不好用，而且笨拙。这种打字机使用康熙字典的检字法对中文汉字进行分类，而且只有两千五百个印刷铅字的常用键盘。假如需要打不常见的字，就需要从三千零四十个备用的字盘里搜寻，然后安放在打字机的预留空白地方。要使用这种打字机，打字员需要事先培训三四个月才可以熟练操作，否则根本不能使用这种打字机工作。

身为作家的林语堂不只一次琢磨过中文打字机的使用方法。在用英文打字机熟练操作之后，他就萌生了改造中文打字机的想法。他相信，只要用心，一定可以发明制造出来人人不用培训就可以熟练操作的中文打字机。在《林语堂自传·中文电子字码机》里，林语堂这样说明自己研发中文打字机的理由：

近年来，纽约各日报，常常发生罢工问题。原因就是这些高速度排印机排得比人工快，工人遂发生饭碗问题，裁又不是，不裁又不是。这样闹得天翻地覆。有一家报馆，几乎要关门。人家机器印刷，已进步到这样程度，我们做梦也没梦到，感慨而又感慨。

20世纪30年代时期，林语堂在上海中央研究院做英文翻译工作，有一次代表中国去瑞士参加国际联盟文化合作委员会的年会。当时，已经痴迷中文打字机的林语堂顺路来到英国的工程处，研制了一台中文打字机的模型带回了中国。当时，在上海苦苦等待丈夫归来的妻子廖翠凤满以为林语堂会从国外带回礼物，可她看到的是口袋里只剩下三毛钱、拿着一个不完整中文打字机模型的林语堂。

有了模型之后，林语堂就开始在内容上下功夫。在检字方面，林语堂研究出"汉字索引制""汉字号码索引法""国音新韵检字"等一系列新方案。后来，林语堂将所有资料进行汇总，总结发明了"上下形检字法"，即取汉字左边最高笔形与右边最低笔形为规则，不看笔顺，只需从几何学的高低来检字。根据这样的理论，林语堂制造出了一个键盘，使用的是窗格显示首末笔的办法。细想一下，林语堂的这个发明创造，有点像当代电脑的键盘。能在20世纪三四十年代有这样的创造，足见林语堂在这方面下了苦功。

林语堂找来之前在英国找工程师设计的图纸，然后用心琢磨起来。样机的零件需要人工制造，而手工制造在当时工商业已经非常发达的美国非常昂贵。随着中文打字机的逐渐成形，难度也在逐渐加大，资金投入也在逐渐增多，意想不到的事情不断出现。林语堂逐渐发现，这台中文打字机有点像《西游记》里面的无底洞，吞噬了他在美国的所有积蓄似乎还远远不够……

林语堂有一次向赛珍珠夫妇借钱，请求预支书稿版税，他感觉凭借自己是华尔希出版公司的"台柱子"，又有几年的合作关系，肯定能如愿以偿。令林语堂没想到的是，赛珍珠夫妇一口回绝了他，此举让林语堂感觉到美国金钱社会的可怕。危急时刻，美国的华侨朋友、古董商人卢芹斋先生向林语堂伸出了援手，借了一些钱，最终让这台中文打字机艰难制造成功。

1947年5月22日上午，林语堂和二女儿林太乙从工厂小心翼翼地将自己呕心沥血研制成功的中文打字机抱回了家里。看到多年的心愿变成了现实，林语堂心里无比兴奋。他随手拿起一张报纸让女儿林太乙试机。林太乙上机操作，果然按照报纸上的汉字一字不漏地打了出来。

发明终于成功了。

林语堂给自己发明的这台汉字打字机命名为"明快打字机"，随后开始向美国专利局申请专利，他撰写了八万多字的申请书，字斟句酌，细细将申请书写好，结果六年半之后才被批准。在《林语堂自传·中文电子字码机》里，林语堂这样说明自己的"明快打字机"：

因为输入输出皆须用华文打字机，打字机又需要有打字的键盘（keyboard）亦可称为钮盘。所以采用我所发明的"明快打字机"，这是由美国空军经过各方研究所指定的。那钮盘有制图说明，文见1936年夏的《科学的美国人》杂志。这"明快打字机"，不论笔顺，只论高低，所以该文中及此次爱德的报告都说"不懂中文的人，也可以于短期内，学会每分钟打出二三十字"。这是美国各方专家研究出来的共同的结论。

美国一家打字机公司即雷明顿公司表示对林语堂的发明感兴趣。消息传到林家，林语堂一家人欢呼雀跃。林语堂将"明快打字机"小心翼翼地放进一个木头箱子里，然后包上塑料布（当时外面下着大雨），叫上二女儿林太乙一起乘坐出租车来到了雷明顿公司驻曼哈顿办事处。

在雷明顿公司会客厅里，十几位高级职员坐在那里等候"明快打字机"的示范表演。女儿林太乙坐在打字机前面，等林语堂将打字机介绍完毕，开始了示范性操作，开始向雷明顿公司展示"明快打字机"的魅力。

会客厅里瞬间安静了下来，雷明顿公司的高级职员们都在聚精会神注视着林太乙的操作，林语堂也目不转睛地看着女儿。然而，就在这时，令人难以想象的一幕出现了。林太乙打开电钮，按了键，奇怪的是，打字机竟然没有丝毫反应。她再按键，还是没有反应。林太乙有些惊慌地看了一眼父亲，随后又按了几下键，"明快打字机"依然没有一点反应。

此时，雷明顿公司的那些专家们似乎感觉到了什么，开始窃窃私语。林语堂感到事情有些不妙了，他赶紧走到女儿身旁开始亲自操作试打，可是，只能听见林语堂按键的"嗒嗒"声，而那台"明快打字机"仿佛僵硬了一般，依然没有丝毫的反应。

　　林语堂的心里霎时变得冰凉：昨天在家里操作的时候非常好用，偏偏在这个关键时候出了问题。没有办法，林语堂只好非常尴尬地向周围的专家们鞠躬道歉，然后默默地将那台不争气的打字机放进木箱里，随后包上湿漉漉的塑料布，失望地走了出去。

　　回到家里，打开箱子，林语堂瞅着自己发明制造的"明快打字机"发愣。他点了一袋烟，吸得很凶。过了一会儿，他拨通了工厂机械工程师的电话。很快，那位意大利人就来到了林语堂的家里，经过短时间查看之后，工程师用螺丝刀动了几下，"明快打字机"就恢复成原来的样子了。林语堂这才松了一口气，但是，在雷明顿公司留下的不好印象已经难以挽回了。第二天，预定的记者招待会正常举行。林语堂非常骄傲地向记者宣布："这是我送给中国人的礼物。"

　　美国的很多报纸在显眼位置报道了著名作家林语堂发明制造中文打字机的消息。为此，林语堂特意将纽约曼哈顿区的家向公众开放三天，欢迎美国各界人士参观他的发明创造。

　　时任中国驻联合国军事代表团团长的何应钦了解情况后，给林语堂来信说："'明快打字机'不用记字位和字码，甚至根本不用看键盘就可以打字。这只是'明快打字机'的一项优点。就凭借这个键盘，'明快打字机'已经超越所有其他中文打字机了。本人一定向用汉字书写的人推荐。"

　　代表中国来美国纽约访问的外交部长王世杰这样评价"明快打字机"："我对'明快打字机'简易打法感到惊奇。这不仅是中文打字机的改良，还是非常有价值的发明创造。"

　　很多身在纽约的华侨和中国留学生纷纷来到林家，他们对"明快打字机"都称赞有加。随着鲜花、贺电不断送至，林家沉浸在一片欢乐之中，林语堂更是心满意足，似乎感觉到了人生彩虹的来临。

那位意大利工程师发现林语堂的"明快打字机"引起了轰动，感觉林语堂会因此发大财，就给林语堂来了加急挂号信，说"明快打字机"是他发明制造的。林语堂哭笑不得：连一个汉字都不认识的人，怎么来跟我争夺明快打字机的发明权？这只能去法庭上跟律师理论了。

令林语堂感到苦闷的是，"明快打字机"叫好不叫座，原因是这段时期中国爆发了内战。精明的美国商人明白，正在忙于战争的中国人不会将钱财花在不稳定的商品上。因此，林语堂的"明快打字机"没有一家公司愿意为之投资。妻子廖翠凤为此感到非常伤心。结婚二十多年来，夫妻二人饱尝人间世故冷暖，同甘共苦，积攒的钱财全部消耗在这台"明快打字机"上不说，为此还借下不少的债务。一家人都期待发明创造成功之后将积蓄补偿回来，如今样机试制成功却无人问津，如何不叫廖翠凤伤心？

根据林语堂的女儿林太乙回忆，有一次她和父亲在出租车里对话，让林语堂认识到了自己在这次发明创造中的失误所在。当时，林语堂手里拿一个纸型键盘，向林太乙说这台"明快打字机"的发明创造全在键盘上。林太乙就提出，为什么不能事先只造出"明快打字机"的纸型键盘模型向商人推销，那样可以节约很多成本，不至于造成如此大的损失。林语堂此时才意识到自己因为一时冲动造成的失误：他没有想到会出现如此大的经济投入，最终因为找不到投资商影响到了家庭生活。

可是，林语堂发明"明快打字机"的消息传到了遥远的国内。尤其在上海，很多报刊媒体报道了林语堂成功发明中文打字机的消息，为此还编造出林语堂为此已经暴富的传闻。最终，了解内情的胡适站出来说明了情况，为林语堂说了一句公道话。

　　四年之后，美国的摩根索拉公司对林语堂表示，希望能将"明快打字机"的发明权和样机购买下来，但出价不高，只有两万五千美元。林语堂毫不犹豫就和摩根索拉公司签下了协议，为此还非常高兴，毕竟自己多年的心血最终变成了"成果"。可是，令林语堂没想到的是，摩根索拉公司最终还是因为"明快打字机"成本太高而放弃了投资。

　　后来，回到国内已经担任《读者文摘》中文版编辑的林太乙去美国期间，萌生了找回那台"明快打字机"的想法，几经波折后，她终于找到了参与研究"明快打字机"的一位工程师。根据那位工程师的回忆，那台"明快打字机"已经作为废品丢到了垃圾站。

　　不管怎么说，林语堂发明制造中文打字机是一种时代的进步，在一定程度上影响了电脑键盘的诞生。

与美国出版商的纠葛

　　林语堂的朋友郁达夫对林语堂有过一段非常透彻的评价：唯其憨直，唯其浑朴，所以容易上人家的当……

　　或许，好朋友郁达夫提前预知有朝一日性情直爽而耿直的林语堂会在交际中上当受骗，所以才给林语堂下了这样的断言。

　　对于赛珍珠其人，中国的很多知名作家对她评价不高，其中包括鲁迅、茅盾、巴金等，也正是在这样的情况下，赛珍珠就找到了林语堂。其次的原因是，林语堂在英文方面的能力的确非同一般。

　　1935 年，林语堂就开始与赛珍珠夫妇合作作品出版事宜。从《吾国与吾民》开始，林语堂交给赛珍珠夫妇出版公司的作品达十三部之多，并且其中很多部都是海外的畅销图书。那段时期，林语堂与赛珍珠夫妇的友谊非常好。刚到美国时，林语堂一家人就居住在赛珍珠的农场，来自东西方的两家人经常在一起聚餐。赛珍珠时常与林语堂的妻子廖翠凤用汉语聊天，情如姐妹。廖翠凤给赛珍珠讲中国的故事，还朗读《水浒传》。两家的孩子时常在一起玩耍。在外人看来，俨然像亲戚一般。

　　在与赛珍珠夫妇出版公司商业协议签约方面，林语堂在心理上从来不设防，往往不看协议的内容就拿笔签约。林语堂夫妇与赛珍珠夫妇的跨国友谊，曾经一度成为国际文坛上津津乐道的话题之一。然而，令林语堂想不到的是，身为出版商人的赛珍珠夫妇已经从林语堂的畅销作品中获取上百万美元的利润，林语堂俨然成了赛珍珠夫妇出版公司的"摇钱树"。

　　的确，林语堂在美国的发展离不开赛珍珠的推荐和引导，也正是在赛珍珠夫妇的引导和推荐之下，林语堂才得以在美国出版很多畅销的图书，最终在美国文化界享有盛誉，成为美国民众心目中的公众人物。

　　正是在这种抱有赛珍珠对自己有"知遇之恩"的心态下，林语堂出版《生活的艺术》成为美国出版界的一颗灿烂新星之后，很多美国出版商人表示愿意出高价和林语堂合作，林语堂都摇头拒绝，依然一心一意和赛珍珠夫妇的出版公司合作。

　　这种友谊一直发展到十几年之后，林语堂为了发明创造"明快打字机"在经济方面出现了困难，无奈之下他找到了赛珍珠夫妇。出乎林语堂意料的是，之前对他的到来都是热烈欢迎的赛珍珠夫妇，这次面对他的借钱要求竟然一口回绝。要知道，林语堂并不是不附加条件的"白借"，只是向赛珍珠夫妇的出版公司预支稿费，这些钱后来会用林语堂的书稿版税偿还的。

　　令人难以理解的是，他们夫妇当时并非没有钱。首先，赛珍珠作为诺贝尔文学奖获得者，手中不乏资金。她的作品《大地》曾经获得版税四十万美元。后来在林语堂的加盟之下，赛珍珠夫妇的出版公司在利润上更上一层楼。正是在这样的基础上，赛珍珠夫妇还成为当时著名的慈善家。他们为二战期间美国兵所在的日本、朝鲜等国家留下的混血孩子设立"赛珍珠基金会"，赛珍珠夫妇自己还曾经收养过五名混血孤儿。

为人慷慨而手中颇有资本的赛珍珠在林语堂急切需要资助的情况下为何没有借给分文，这个问题历来引起很多文人的猜测。有人猜测，当时赛珍珠认为，作为集文学家、哲学家于一身的林语堂放下写作的事业去发明创造打字机，属于"不务正业"，而打字机也是"浮夸之物"，不会带来什么经济效益。因此，赛珍珠感觉借钱给林语堂发明中文打字机属于损己不利人的事情，拒绝林语堂反而属于理性做法。

也有人认为林语堂与赛珍珠之间出现的分歧主要在思想上。赛珍珠在中国长大，和中国底层的人们接触比较多，所以非常同情中国民众的生活。后来，赛珍珠从蒋介石的国民政府的所作所为看到了其腐败的一面，感觉蒋介石政府不是中国人民的希望。1942年，赛珍珠回到中国，根据自己的所见所闻撰写了作品《龙种》（该作品1944年被美国导演杰克·康威拍摄成电影），内容涉及中国共产党领导山区抗日游击队武装英勇善战，给读者的印象是，中国的希望在西北的延安。相反，林语堂在抗战时期根据自己的所见所闻撰写的《枕戈待旦》，思想内容明显倾向于重庆蒋介石政府。林语堂的这种政治倾向可以从他的《林语堂自传·论美国》里看出来：

有美国力量为后盾，史迪威就像个独裁暴君一样，他不是来帮助中国，他是来破坏中美的团结。他把枪炮和弹药全留给共产党用。倘若他很有效地克尽其职责，就像罗斯福总统派油轮到开罗去援助蒙哥马利一样，结果会大不相同吧？当然他有他的理由——根据他对民主的意见。不论怎么说，一国的使者企图干涉另一国的内政，我对这个深为气愤……史迪威之帮助中国共产党，根据他所称的美国式的"民主"，也正是他的职责。……无论如何，美国派到中国来的应当是个外交家，不要派个粗野的庄稼汉，要派一个中国人认为具有绅士风度的人来。

民国三十三年，我问军政部长何应钦在过去几年史迪威给了中国什么，他的回答是，只有够装备一个师的枪弹而已。在民国三十三年，我看见中国的驴由中国西北甘肃玉泉的油田，驮着宝贵的石油到西南的昆明，我真要为中国哭起来。何应钦胸怀愤怒，我也颇有同感。

从上面的文字描述可以清清楚楚看出，林语堂明显在劝美国政府不要帮助中共，而要支持蒋介石政府。另外，林语堂还通过演讲和广播试图将自己的思想传递给美国的民众，让美国人也像自己一样倾向于重庆蒋介石政府，以此向美国政府施压，让美国政府对中国蒋介石政府加大支援力度。可是，令林语堂想不到的是，就在他发表广播言论的第二天，赛珍珠的丈夫华尔希给他打电话说："你不要再说那样的话。"就在那一瞬间，林语意识到自己的政治理念或许跟赛珍珠夫妇出现差异了。正是在这种情况下，他同样持有这种政治倾向的《枕戈待旦》在赛珍珠夫妇的出版公司受到冷落。另外，当时还有传闻说林语堂私下收到何应钦两万美元，所以为蒋介石政府做宣传。林语堂感觉这些谣言是由于赛珍珠夫妇的原因所致，为此内心感到愤慨。

不论从哪个角度分析，林语堂与赛珍珠之间的关系出现了裂痕，而正是在这种裂痕阴暗光环映射下，林语堂才发觉自己在作品的版税上被赛珍珠夫妇欺骗了十九年。按照美国的惯例，出版一本书，出版社一般情况下只提取百分之十的版税，版权归作者所有。可是，林语堂偶然发现，自己在赛珍珠夫妇出版公司出版的书竟然被提取百分之五十的版税，并且版权归赛珍珠夫妇的出版公司所有。林语堂出版的书都比较畅销。这十九年，赛珍珠夫妇出版公司要多抽取林语堂多少版税啊？

　　性格比较耿直的林语堂最难以忍受朋友间互相欺骗。面对和自己交往几近二十年的赛珍珠，他首先委托律师向赛珍珠夫妇的出版公司索要自己所有作品的著作权，并且没有给赛珍珠丝毫的回旋余地。此举让赛珍珠夫妇大为吃惊，对林语堂的所作所为感到非常不理解。赛珍珠特意给林太乙打电话询问："你父亲是不是疯了？"

　　林语堂强硬地要求收回自己作品的版权，并做好了与赛珍珠夫妇对簿公堂的准备。后来，有朋友从中调解，林语堂收回了自己作品的版权。期间，赛珍珠还特意看望了林语堂一次。但是，在林语堂的《林语堂自传》里，提及赛珍珠的言辞少之又少，从中也可以看出林语堂对赛珍珠夫妇的看法，已经从内心将其"删除"了。

　　就这样，林语堂与赛珍珠十九年的友谊破裂了。消息传出，美国很多出版公司向林语堂发出了聘约，主动找林语堂签订图书出版合同，条件都比赛珍珠的出版公司优惠很多，这让林语堂从内心加深了对赛珍珠夫妇之前做法的不理解。

　　1954 年，林语堂应邀准备去新加坡担任南洋大学校长。临行前，林语堂出于之前友情的考虑，就特意从纽约给居住在宾夕法尼亚州的赛珍珠丈夫华尔希打电话辞行，但赛珍珠夫妇没有回复。林语堂非常生气地说："我看透了一个美国人。"从此与赛珍珠夫妇间的友谊彻底断绝。

　　1971 年，年近八十的赛珍珠向中国政府提出要回大陆看看的申请，没有得到批准。十个月之后，赛珍珠去世。后来，赛珍珠的几个养子为了争夺七百万美元的遗产互相争吵，竟然将赛珍珠生前鲜为人知的隐私都讲了出来。假如赛珍珠在黄泉底下有知，不知作如何感想。

南洋公学事件

1953 年，新加坡一带一些华侨准备为南洋区域的华人筹建一所大学。在著名华侨陈嘉庚的侄子著名橡胶大王陈六使的倡议下，新加坡华侨在福建会馆召开会议商议此事。陈六使首先为筹建大学捐赠五百万元，马上得到其他华侨的热烈响应。当时，年迈的爱国华侨陈嘉庚已经在 1950 年返回祖国的厦门，正在为厦门大学与集美大学的扩建与政府协商，他委托其身在欧洲的女婿李光前返回新加坡，支持陈六使筹建大学。当年 2 月，南洋大学执行委员会成立，陈六使任主席，随后开始积极筹备筹建大学事宜。

南洋大学的筹建得到新加坡、马来西亚华侨的热烈响应。在"有钱出钱、有力出力"的号召下，在建校使用土地、筹集款项以及人力方面，都得到了华侨的支持。南洋地区的华侨都热切盼望有一所属于自己的大学，这样一来，华侨子女可以得到优秀的大学高等教育，为当地的华侨争取权益。

在南洋大学聘任校长的问题上，南洋大学执行委员会颇费脑筋。

最初准备聘请胡适，但去了邀请函之后没有得到胡适的回复。大家又考虑到原来的清华大学校长梅贻琦，结果梅贻琦辞谢。接下来，有人提出了身在美国的林语堂。当时，身为执行委员会人员之一的连瀛洲表示愿意自出旅费去美国找林语堂协商。得到消息的林语堂同意担任南洋大学校长，在 1954 年 1 月 9 日给连瀛洲、陈六使分别回信，在筹建南洋大学问题上提出了自己的一些见解：

六使先生道席：

　　奉诵来札，过蒙奖饰，且拟委以南大重任。愈增惶愧。弟何人斯。曷克当此！且老马伏枥久矣，大不想吃六山草，此项衷情，屡向瀛洲先生言之。瀛洲先生却会真诚感人，乃与之作数夕谈。弟于吾国文化、侨胞福利、亚洲将来，未尝不萦怀，乃以兹事基大且繁，不得不详细考虑，一则任重道远，恐不称职；二则凡事创业艰难，筑室道旁，三年无成，权不专，信不坚，则事不成；三则南大之办，非仅关教育，盖亦寄保存发展吾国文化之愿望焉，必有雄厚基金物力，始能始终，争得学术界地位，成为亚洲东南第一学府。苟非渚公远瞩，志在必成，或恐沦为寻常又一大学，橘过江南而为枳，斯不足观。与瀛洲兄晤谈后，深知我公热诚为我侨胞谋幸福者如此。而深谋远虑、见识过人者又如彼，窃为星洲华侨幸，故已许附骥尾，追随努力，事有可为，则志在必行。余告瀛洲兄面详。

　　即请

道绥

　　　　　　　　　民国四十三年正月九日　弟林语堂顿首

　　林语堂在 1954 年 2 月 28 日又给陈六使、连瀛洲去信（书信中所说钱都指的是叻元）：

六使、瀛洲先生左右：

接奉瀛洲先生2月6日及18日两函及六使先生2月17日公函及聘书，附下各种剪报，俱见诸公加紧募捐，各方响应，颇形踊跃，至为忻慰。校舍图样尚未接到。据来函及报载各节，基金总数似有疑问，与瀛洲兄面谈者或有出入。属各社团募捐之外，吾兄等定胸有成算，是否仍以二千万元为鹄？来函既未明言，用敢专函奉询，以昭慎重而祛愚惑。兹再申述数点。

一、愚意南大目的必使精神及物质上（即学术及设备上）俱称第一流大学之名。第二流大学虽可办，而弟个人则无兴趣。

二、学院范围以内必力求精良，办得有声有色，基金充足始可依计进行。商学院可设经济研究所，研究分析亚洲东南经济贸易，发行季刊以资商界参考。理科应注重理工课程，训练专艺人才以助工业发展，文学院应有研究出版计划，完成沟通文化之任务。其他电影教育，补习学校使失学者补习上进，亦可依次进行。

三、教授延聘最须慎重，学术地位始可提高。延聘专以学力为主。中国学者不分何处聘请。在西方聘请者，除加一条路费一二千元外，待遇与香港或本地聘请同级者相同。近地聘请者同等学力则同等待遇，亦不得因其在地而削减薪俸。在大学本身多出一条旅费，聘得好教员仍是合算。但为特殊情形，须注意留英学生，免趋畸形状态。

四、校舍设备与外观望可为星洲华侨之荣。若谓华人所办大学物质逊色于白人所办乃天经地义，诸公必不如此，弟亦不敢苟同。

五、估计校舍设备约一千一二百万元，最低一千万元。另外基金一千元，年息六厘六十万，再加学费二三十万（假定一千学生），即每年经常费约一百万，不难补足。为诸公着想，年年筹备经常费，拖泥带水不如一鼓作气，于创办之时捐足数目，方是正办，且基础奠定成绩卓著，将来申请国外基金资助亦有办法。如是则南大可有光明前途，本固枝荣之义也。

为此上述各点千祈示知：

（一）除团体募捐外，侨领诸公态度，能否共襄是举？校董负责认捐总数及实收时日，须通盘计划，即使公众募捐达五百万元，相差尚远。苟社会领袖未能踊跃，而使六使先生倾家为之，弟亦不忍为也，

（二）再，弟与瀛洲先生1月9日函所提关于基金及校长职责各节，执委是否通过或有斟酌？请凭会议记录节要明确示知为祷。

（三）最急要者为马来亚大学教职员待遇章程，请抄录赐下，以资考镜，然后南大教职员待遇条件，可以成立。成立后始可延聘教授。冒渎精神，务乞原宥。

即祝

道安

1954年2月28日弟林语堂顿首

从林语堂的回信可以看出，他对将南洋大学建设成为世界一流大学充满了希望。在同意出任南洋大学校长一事上，林语堂的女儿林太乙在《林语堂传》中认为，主要是南洋华侨认为林语堂在海外的声誉比较高，因此才聘任林语堂为南洋大学校长。另一种说法来自南洋大学创校史，其文字间透露，在连瀛洲去美国之前，林语堂委托美国华侨联系南洋大学执行委员会，让其提名让自己担任南洋大学校长。而今，涉及此事的人员都已经作古，化作历史云烟，难以考证。不过，林语堂的确是南洋大学的首任校长，但其在给南洋大学执行委员会回信说"建成亚洲东南一流学府"，很多人感觉有些不切合实际。毕竟，

教育在一定程度上属于文化的积淀，不能急功近利。

林语堂在到新加坡南洋大学任职之前，还和陈六使、连瀛洲等人通信商议校长的职权待遇以及大学筹建款项事宜。另外，在教育方面，双方都坚持南洋大学不涉及政治，力争让华侨子女在民主、自由的教育氛围中学习大学文化知识，接受高等教育。

陈六使在 1954 年 3 月 15 日这样给林语堂回信：

语堂先生左右：

上月 28 日手谕诵悉。承询各点，兹分条奉复如下。

一、瀛洲兄去月初自美返星，面述尊意三点：

甲　希望筹足基金二千万元。

乙　校长兼文学院长月俸三千元，另办公费五百元，供住房一座，汽车一部。

丙　聘林可胜先生任副校长兼理学院长。

以上三点，弟与执委合同人皆竭诚接受，基金二千万元本非大事。南洋华裔慷慨好义，实繁有徒，而必要时弟仍当继续贡其棉薄。可胜先生道德学问，此间中外人士久所钦佩，因先生私谊允就是职，何幸如之。

二、校舍建设在积极进行中。图书馆务求宏大庄严，各学院亦必使其足以相配，预料全都落成外观上当能优于马大，不止如先生所估一千一二百万元之价值，而实际上仅费数百万元而已，此无他，我华人建筑界亦将能充分发挥有钱出钱，有力出力之传统精神，相率报效耳。

三、……（按：以上字迹不清）惟所谓第一流大学究须具备何等条件方能名副其实，似颇难言。今日世界各国号称第一流大学者，其精神固亦有其卓然不容否认处，而物质设备岂皆五燕六雀毫无轩轾耶。

备有赖时间之累积，不可一蹴而就，而亦无有能一蹴而就者。吾人要当悬鹄以赴，时时有耻居第二流之心，则按部就班盈科而进，必有迅速建成顺望之一日。弟不学无术而管窥蠡测如是，质之高明以为然否？

四、此间数月来所获当地及香港求任南大教职之函甚多。专候尊驾抵步时审裁。有非在美物色则不可得者，请先接洽一二位同来。

总之，凡执委会所应筹备之事，弟与诸同人无不朝夕图之，不遗余力，伫盼先生早日邀同可胜先生联袂莅止，主持一切，无任翘企。

专此　祉颂

道安

弟　1954 年 3 月 15 日

附马大教职员待遇表一份

从陈六使的回信内容可以看出，南洋大学执行委员会答应了林语堂的要求。这样，双方在诸多方面基本达成一致之后，林语堂才决定到新加坡就任南洋大学校长。

1954 年 10 月 2 日，林语堂一家（林语堂及妻子廖翠凤、二女儿林太乙及丈夫黎明和两个孩子、三女儿林相如）乘坐飞机抵达新加坡，南洋大学执行委员会主席陈六使、高德根、连瀛洲等人以及华侨二百多人到机场迎接，场面非常热烈。随后，林语堂在有关人员陪同下会见了新闻记者并发表了讲话。

开始几天，林语堂都在忙于应酬，一直到 10 月 5 日下午才在有关人员陪同下来到南洋大学校址查看。第二天，新加坡中华总商会召开南洋大学会员常年大会，有一百多位华侨出席了会议。会议由陈六使主持，林语堂以南洋大学校长身份出席会议并提出了建校计划、南洋大学的宗旨和教育方针。校长室行政秘书（身份相当于副校长）、林语堂的女婿黎明与会员代表见面。至此，南洋大学正式成立。

林语堂下一步就开始为南洋大学招聘各方面的人才。文学院院长熊试一，理工学院院长胡博渊，图书馆主任严文郁……林语堂的侄子林国荣担任南洋大学会计长，林太乙任校长秘书。这样一来，林语堂的亲人里面就有四人担任南洋大学的要职：林语堂任校长，女婿黎明担任与副校长同等职位的校长室秘书，女儿林太乙任秘书，侄子林国荣任会计长。

林语堂即便对外解释"内举不避亲"，但如此多的亲人在南洋大学担任要职，无法摆脱任人唯亲的嫌疑。不过，大家在各自的工作岗位上都在兢兢业业地工作，别人就不需要再说三道四了。

按照事先的约定，南洋大学给林语堂以及教授们的待遇相当不错。林语堂月薪三千元，年办公费六千元，提供一辆汽车、一名司机、一名仆役、一座房子且带有冷气（新加坡地处热带，不需要暖气）和隔音设备。如此的待遇，相比林语堂在美国纽约的生活水准，颇有"过之而不及"之感。然而，最终，林语堂在新加坡南洋大学校长的位置上只待了半年就返回了纽约，不得不引发人们的思索。

身为南洋大学校长的林语堂在用人方面"任人唯亲"充其量也只是嫌疑而已，再说，其家人在南洋大学各自的职位上也并没有出现不称职的过错。因此，引发林语堂离开新加坡的只能是其他方面的原因。

在林语堂抵达新加坡之后，南洋大学的一些董事从美国合众国际社的一则报道，上面说"南洋大学在对付共产党思想入侵亚洲人心灵的活动中会成为一个前哨阵地"，这与林语堂之前与南洋大学达成的"远离政治"的教育理念不吻合。在当时世界上，西方资本主义正在对以苏联、中华人民共和国所领导的世界性社会主义思想潮流担惊受怕。

在新加坡，以爱国华侨陈嘉庚为首的侨民比如陈六使、李光前等，对共产党的思想是比较欢迎和支持的。比如，陈嘉庚就已经到中华人民共和国担任职务。因此，南洋大学尽管在办学理念上提出要"远离政治"，但其执行委员会里很多人的思想倾向于社会主义，与林语堂的思想不符，这也为后来的冲突埋下了隐患。

另外，南洋大学校舍建筑的预算与林语堂产生了严重分歧，而且，建设的大额款项迟迟不到位。根据当时《南洋商报》的报道，南洋大学的建设捐款很多来自新加坡的三轮车夫、理发店主和街头个体小商贩，而那些开大公司的华侨捐款则难以看到。

林语堂到任后向南洋大学执行委员会提出，首先提供两千万元由其掌握使用。这一条是林语堂还在纽约时给连瀛洲回信时提出的，并且当时也得到了南洋大学执行委员会的同意。可是，1954年年末南洋大学到账的捐款只有一百多万元，这下让南洋大学执行委员会犯了难。陈六使答应林语堂在款项上加紧办理，力争达到林语堂的满意。不过，陈六使坚持说重大项目开支必须要董事会讨论才可以决定，一人不能独断。林语堂对这样的表态非常不满。

接下来事情的发展，似乎让林语堂与南洋大学执行委员会的分歧越来越严重。当时，南洋大学校舍已经开始动工兴建，负责建设设计的执行委员柯进来也是一位富有设计经验的建筑工程设计师。林语堂来到工地视察之后，指出了学校图书馆、教职工宿舍大楼、学校甬路等建筑物在设计中的一些弊端，批评学校建筑设计不符合世界一流大学的标准，要求南洋大学校舍建设按照林语堂的标准重新设计修建。此举让南洋大学执行委员会非常不理解，因为改建需要投入大量资金不说，还要拆毁之前的建筑，工期也要延长，会给南洋大学的建设带来更大的困难。尽管陈六使向林语堂表示说学校建设不合适可以想办法，可以让已经竣工的建筑物做其他用途，但执行委员会对林语堂提出的观点持反对意见，在学校建设的预算问题上，林语堂与南洋大学执行委员会出现了严重分歧。

1954年11月，林语堂在南洋大学执行委员会的邀请下拟定了一份办校预算方案，随后在林语堂主持下于15日召开校务委员会对方案进行了审核，但南洋大学执行委员会没有参加这次会议。到了1955年年中，林语堂将办校预算方案提交给南洋大学执行委员会主席陈六使。陈六使认为林语堂的预算开支数目过大，林语堂就辩解，二人由此发生首次正面冲突。

2月14日，南洋大学执行委员会公布了办学预算，还准备在三天之后召开执委会讨论，引起林语堂的极大不满。

1955年2月17日，南洋大学新加坡委员会第五次会议召开。会上，陈六使陈述了在校舍建设、经费预算等问题上执行委员会与校长林语堂存在的重大分歧。建筑设计师柯进来向大会报告，说林语堂要求施工马上停下来，但现在学校的施工建设仍旧在进行之中。会议最后决定成立学校财务开支小组委员会，负责南洋大学的财务开支。

这样的会议结果让林语堂对南洋大学执行委员会更加不满。林语堂随后于第二天即2月18日下午在南洋大学办事处召开了记者招待会，发表了声明。声明内容措辞严厉："本人及教职工为了创办第一流大学之一切努力，将尽归乌有，本人已以此意告知执委会主席陈君六使……"

林语堂在记者会上的这份声明无疑是一份向南洋大学执行委员会的"宣战书"。接下来，林语堂找来了律师马绍尔，准备将自己与南洋大学执行委员会之间的矛盾纠纷对簿公堂。马绍尔经过慎重思考，劝林语堂与南洋大学执委会坐下来好好协商，他从中调解。

在马绍尔的调解下，2月19日，以林语堂为首的南洋大学校务一方与以陈六使为代表的南洋大学执委会一方坐了下来，会谈时间长达五个小时，且气氛比较压抑，最终双方会谈没有取得进展，矛盾公开化。

后来，南洋大学开支小组委员会继续审核林语堂的办学预算，但林语堂拒不承认开支小组委员会，矛盾激化。当时，新加坡、马来西亚华侨代表纷纷在报纸上发表评论，呼吁林语堂与南洋大学执委会能够开诚布公地坐下来协商解决分歧，确保南洋大学建设成功，为南洋广大华侨在子女高等教育方面解决后顾之忧。后来，很多南洋华侨团体还特地来到新加坡南洋大学筹建处，希望在林语堂与南洋大学执委会之间展开斡旋，但林语堂内心已经对南洋大学失去了信心。

一个多月之后即1955年3月末，南洋大学新加坡委员会全权代表团首席代表李俊承找到林语堂，但在双方谅解方面依然没有取得任何进展。林语堂表示愿意主动辞去南洋大学校长职务。4月4日，林语堂以及南洋大学教职员工全部辞职的消息得到进一步证实。4月6日，林语堂代表南洋大学校务方与陈六使代表的南洋大学执行委员会代表在中华总商会举行了最后一次会谈，随后发表以下声明：

南洋大学校长林语堂博士及该校全体教授，为谋打开因南大当局与执委会间意见过于悬殊所造成之僵局，几经考虑后，业于本日提出总辞职，彼等所蒙受之损失，将请该会予以合理解决。

该校若干教授已决定离此他往，其仍未决定行止之人员，当由执委会分别与之洽商或愿再行留校任职。

南大执委会对林校长及全体教授提出总辞职一事，至感遗憾，然迫于客观环境，故经审慎考虑后已接受上述总辞职之要求。

　　南大执委会、林校长及全体教授均认为南大建校工作，必须尽力继续进行，勿使中断。

南洋大学主席陈六使、校长林语堂

1995 年 4 月 6 日

　　联合声明发布之后，双方的矛盾逐渐平息下来。经过校方董事会执意挽留，南洋大学教职员工里依然有包括林语堂在内的十一名辞职。下一步，按照之前的协议要求，南洋大学董事会需要给这些辞职人员发放遣散费。

　　根据协议上的条款，南洋大学董事会需要按照签订五年合同的一半年限即两年半薪水支付辞职教职员工的遣散费。至此，南洋大学风波平息下来。

　　作为南洋大学执行委员会主席，陈六使为了不让全体南洋华侨的捐款受损失，也因为难以兑现当初在书信中给林语堂的承诺，自己承担了南洋大学辞职员工的所有遣散费。

　　在南洋大学的这次风波里，对于林语堂和陈六使来说，其实都有过错。之前的书信商议里，双方谈得非常投机，也正是在这样的前提下，林语堂才来到了新加坡南洋大学。结果，在预算和校址建设过程中，陈六使之前答应给林语堂的条件难以兑现，双方出现摩擦，最终导致林语堂辞职。

　　当时，在林语堂与南洋大学执行委员会矛盾激发过程中，身在新加坡东海岸寓所的林语堂家人一度精神紧张，担心遭人暗算，就搬到新加坡国泰饭店的五楼居住。来到新加坡的这段时期，林语堂的妻子廖翠凤、女儿林太乙都不习惯南洋地区的生活，不止一次劝林语堂离开新加坡。或许，这也是林语堂决心离开南洋大学的原因之一。

1955 年 4 月 9 日至 13 日，林语堂开始与南洋大学董事会办理辞职移交手续，将学校的房子、家具、档案以及经费账目进行转交。17 日下午 1 时左右，林语堂一家人抵达机场，陈六使带领南洋大学执行委员会全体成员送行，场面非常热烈，给世界传递华侨团结一心的信号。

林语堂一家人离开新加坡首先到科伦坡歇息几天，随后乘飞机到达法国戛纳。

多少年后，南洋大学风波依旧"余音不断"，似乎有一种"剪不断理还乱"之感。

《苏东坡传》叹东坡

　　抗战胜利之后，林语堂就着手开始创作《苏东坡传》。其实，林语堂有这个想法已经很久了。他崇拜苏东坡，不仅喜欢苏东坡的诗词，对苏东坡的为人处世也非常钦佩。在《林语堂自传·关于〈苏东坡传〉》中这样描述自己创作这本书的理由：

　　我写《苏东坡传》并没有什么特别理由，只是以此为乐而已。存心给他写本传记的念头，已经存在心中有年。民国廿五年我全家赴美时，身边除去若干精选的排印细密的中文基本参考书之外，还带了些有关苏东坡的以及苏东坡著的珍本古籍，至于在行李中占很多地方一事，就全置诸脑后了。那时我希望写一本有关苏东坡的书，或是翻译些他的诗文，而且，即便此事我不能如愿，我旅居海外之时，也愿身边有他相伴。像苏东坡这样富有创造力，这样守正不阿，这样放任不羁，这样令人万分倾倒而又望尘莫及的高士，有他的作品摆在书架上，就令人觉得有了丰富的精神食粮。现在我能专心致力写他这本传记，自然是一大乐事，此外还需要什么别的理由吗？

或许，林语堂感觉自己的人生经历有些像苏东坡。之前在国内，写文章支持学生运动遭到政府通缉，创办杂志在思想上遭到别人的攻击，在厦门大学遭遇别人排挤……最终，他带着家人来到海外，颇有些像苏东坡被贬到岭南一样的感觉。

林语堂怀着这样的心情创作《苏东坡传》，在情感方面"身临其境"，所以在创作方面比较投入，让《苏东坡传》成了"20 世纪四大人物传记"之一（另外三部分别是吴晗的《朱元璋传》，朱东润的《张居正传》，梁启超的《李鸿章传》）。

《苏东坡传》最终在 1947 年完稿，随后交付于赛珍珠夫妇的出版公司出版。当时，林语堂正在发明"明快打字机"。为了这项"事业"，林语堂耗尽了自己在美国的所有积蓄，还因此欠下不少的债务。性格耿直的林语堂决心在短时间内还清债务，之前依靠写作生活而不愿意被人约束的他竟然接受了联合国教科文组织美术与文学组主任的职位，担任这个职位需要到法国去上班（联合作教科文组织总部设在法国巴黎丰特努瓦广场）。无奈，林语堂需要将家事处理一下，做好去法国的准备。他需要卖掉不需要再使用的家具，归还部分欠款，和友人告别……这一切办理得差不多的时候，林语堂忽然接到了一封美国税务部门的来信，被告知需要缴纳三万多美元的个人所得税才可以离开美国，这让刚刚因为发明制造"明快打字机"而欠下不少债务的林语堂雪上加霜。

林语堂的《苏东坡传》出版后，因为在赛珍珠夫妇名下的出版公司出版，所以并没有得到多少稿费，那点钱难以应付美国税务部门的要求。美国的法律规章制度比较苛刻，很难通融。林语堂无奈之下只得再次向卢芹斋借钱，一家人这才得以启程前往法国巴黎。

林语堂之前在国内也曾在中央研究院上过班，但那份工作是个闲职，不累人，也有蔡元培院长的关照。如今，林语堂在巴黎的联合国教科文组织上班，让他领略了"上班族"的辛苦。除了按钟点上下班之外，还要开接二连三地会议，撰写让林语堂感觉没有一点意思的备忘录和"千篇一律的"公文文件……这让已经五十出头、很多年没有经过上班生活的林语堂颇感不适应。每天下班回到家里，林语堂都是躺倒在沙发上不愿意动弹，心力交瘁。

联合国教科文组织美术与文学组主任这个职务工资比较高，但这也无法留住林语堂。短短两年时间，林语堂的头发脱落不少，背也有些驼，身板已经显出老相了。

两年后即 1949 年，林语堂辞去联合国教科文组织的工作，来到法国南部坎城。那里有古董商人卢芹斋购买的一栋小别墅"养心阁"。房子空闲，林语堂一家人正好搬过来居住。这里濒临地中海，环境优雅，林语堂逐渐找到了之前的文学创作感觉，恢复了写作生活。

偶尔的闲暇时光，林语堂就到附近的露天咖啡馆喝咖啡，要不就到地中海岸边看渔人捕鱼。在这里，他想到了童年时期的福建坂仔村。安静而闲舒的时光让林语堂忘记了欠下的债务，但妻子廖翠凤对债务的记忆非常深刻。毕竟，她跟随林语堂在海外漂泊多年积攒了一点积蓄，但最后"没钱了，还欠下债务。"廖翠凤难以接受这样残酷的现实，林语堂只能在旁边耐心劝慰。

根据林太乙的回忆，父女二人一天午后在花园里晒太阳，林太乙问起自然界有关生命的话题，林语堂就吟诵了苏东坡的诗《和子由渑池怀旧》：

人生到处知何似，应似飞鸿踏雪泥。

泥上偶然留指爪，鸿飞那复计东西。

老僧已死成新塔，坏壁无由见旧题。

往日崎岖还知否，路长人困蹇驴嘶。

这首诗的主题是苏轼借与弟弟苏辙几次路经河南省池绳县，感叹人生像飞鸿一样飘忽无定。林语堂曾经几次来到法国，或许感觉自己的人生与苏轼相似，所以吟诵了这首诗。

在《林语堂自传·苏东坡传》里，林语堂这样感叹苏东坡的人生观：

苏东坡一生的经历，根本是他本性的自然流露。在玄学上，他是个佛教徒，他知道生命是某种东西刹那之间的表现，是永恒的精神在刹那之间存在躯壳之中的形式，但是他却不肯接受人生是重担是苦难的说法——他认为那不尽然。至于他自己本人，是享受人生的每一刻时光。在玄学方面，他是印度教的思想，但是在气质上，他却是地道的中国人的气质。从佛教的否定人生，儒家的正视人生，道家的简化人生，这位诗人在心灵识见中产生了他的混合的人生观。

林语堂钦佩苏东坡，在人生遇到悲凉挫折的时候，总是用微笑面对，泰然处之。人生的阴雨终究会过去，雨过天晴是必然。

在法国坎城那段悠闲的时光里，林语堂接连创作了《唐人街》《老子的智慧》《美国的智慧》等作品，这几本书没有之前的作品畅销，但依然让林语堂还清了欠下的所有债务。接下来，林语堂一家人又回到了美国纽约。

林太乙在文学创作方面成就不错，就商议和父亲一起办一本《天风》文学刊物。当时，林太乙因为孩子小，工作家庭让她负担过重，林语堂就从编辑到校对、出版，包揽了《天风》杂志的所有工作。

1953 年，林语堂的长篇小说《朱门》完稿并出版。这时候，他已经和赛珍珠夫妇的出版公司分道扬镳，所以这本书是和美国的另外一家出版公司签约出版的，销量很好，林语堂从中获得不少版税。这本书和《京华烟云》《风声鹤唳》一起被称作"林语堂三部曲"。

第七章

暮年在台湾

故土难离

林语堂在 1926 年到厦门大学任教时，厦门大学有个学生叫马星野，浙江平阳人，基督教徒。后来，马星野到政府新闻部门任职，被新闻界赞誉为"新闻巨子""新闻王"，他在思想上和老师林语堂有很多共同之处。20 世纪 50 年代时期，在台湾政府任职的马星野和老师林语堂的交往逐渐增多，二人成为"忘年交"。马星野了解年过花甲的林语堂思念家乡的情感，就鼓励林语堂去台湾看看。毕竟，台湾与闽南一脉相承，有着千丝万缕的联系。到了台湾，就可以瞭望故乡福建了。

1958 年 10 月中旬的一天，林语堂乘坐飞机抵达台北，何应钦、蒋梦麟等数百人前往机场迎接，场面非常宏大，热情的人群曾经一度将林语堂夫妇冲散，给当时的林语堂留下极为深刻的印象，回到美国之后依然难以忘怀。

马星野在 1959 年到巴拿马担任外交大使，五年任期结束之后即1964 年（林语堂在《林语堂自传·关于无所不谈合集》中记载是 1946 年，估计是笔误），准备回台湾的马星野途径美国纽约时偶遇老师林语堂。

马星野邀请老师林语堂在通讯社开设文化专栏，林语堂在朋友和女儿的劝说下答应了下来。在栏目内容上，马星野与林语堂商定专栏内容不受限制，可以无所不谈，林语堂就将栏目的名字定为"无所不谈"。后来，林语堂按照每月两三篇（基本按照这个数目）为该栏目撰写文稿，至 1968 年，前后有一百八十篇文稿。台湾岛内外有二十五家报刊订购，包括中国台湾地区、中国香港地区，以及泰国、菲律宾、美国等许多地方见于报端，在华人社会引起巨大反响。在《林语堂自传·无所不谈合集》中，林语堂这样介绍自己的见解：

> 书中杂谈古今中外，山川人物，类多小品之作，即有意见，以深入浅出文调写来，意主浅显，不重理论，不涉玄虚，中有几篇议论文，是我思想重心所寄。如《戴东原与我们》《说诚与伪》《论中外之国民性》诸篇，力斥虚伪之理学，抑程朱，尊孔孟，认为宋儒之以佛入儒，谈心说性，去孔孟之近情哲学甚远，信儒者不禅定亦已半禅定，颜习斋、顾亭林已先我言之。此为儒家由动转入静之大关捩，国人不可不深察其故。《论东西思想法之不同》，是我一贯的中心思想，尤详述此议，心所谓危，不敢不告。

60 年代时期，台湾当局发起中华文化复兴运动，呼吁世界各地华人著名学者到台湾定居。林语堂收到了台湾的橄榄枝，让在美国漂泊二三十年之久而尚未加入美国国籍的林语堂感慨万千，开始做回台湾定居的准备。

1966 年 1 月 26 日，林语堂乘坐飞机抵达台北松山机场。由于《无所不谈》的影响，来机场迎接林语堂的人非常多。身在台湾的马星野早就预感老师林语堂来到台湾会盛况空前，所以事前安排一位职员做林语堂的临时秘书。第二天，马星野在自由之家酒店举行宴会欢迎林语堂一行，台湾的文化名流几乎都到了。宴会上，林语堂见到了很多昔日的好朋友，忍不住心潮起伏，感慨万千。

28 日，也就是林语堂到达台湾的第三天，林语堂夫妇在马星野夫妇的陪同下拜见了蒋介石夫妇。

林语堂到台湾居住在统一饭店。当时，来住处造访的人络绎不绝，名片、书籍成堆，林语堂随便翻阅这些东西，临时秘书也在帮助他处理这一切。

此次来台湾，林语堂还祭拜了昔日自掏腰包帮助自己留学的胡适的陵墓。胡适曾经在中国台湾地区担任"中央研究院"院长。在 1962 年 2 月 24 日欢迎新"院士"酒会上，胡适因为心脏病猝发去世。后来，林语堂还在当年 4 月 1 日的《海外论坛》发表了一篇怀念胡适的文章，对胡适给予了很高的评价：

> 胡适之先生的肉身已经脱离尘凡，他留给我们及留给后世的影响是不朽的。他是一代硕儒，尤其是我们当代人的师表。处于今日中西文化交流的时代，适之先生所以配为中国学人的领袖，因为他有特别资格：他能真正了解西方文化，又同时有真正国学的根底，能直继江永戴东原的师承而发扬光大汉学的考据精神，两样齐全是不容易的。他有戴东原实事求是的态度；而无汉学末流公羊派的偏狭门户之见。

此次回来，林语堂来到胡适的墓前，回忆起五十年前胡适为了帮助北京大学招聘人来资助自己到美国留学的往事。当妻子廖翠凤在美国生病无钱医治的时候，还是胡适以北大的名义自掏腰包给汇来一千美元，让夫妻二人得以渡过难关。林语堂将此事向周围和自己一起凭吊胡适的人吐露，似乎历历在目，而胡适先生已经作古，让林语堂忍不住老泪横流。

　　林语堂这次在台湾待了四天，随后又回到美国纽约。这次访问，让林语堂坚定了回到台湾定居的信心。

　　1966 年 6 月，林语堂要回台湾定居的消息传遍了台湾。当时，台湾人正在流行"出国热"，很多到美国的华人都想方设法要搞到美国的绿卡。因此面对身在美国的林语堂要回台湾，很多人感到不理解。林语堂不以为然，他回台湾的决心绝非一些"时尚潮流"所能改变的。

　　林语堂回到台湾，很多人认为他和蒋介石夫妇私人关系不错，来台湾是"当官"来了，后来的事实证明这种猜测是错误的。林语堂来到台湾不久，蒋介石就见了他，希望林语堂能够接任"考试院副院长"的职位，二人谈了很长时间，最后林语堂还是推辞了。

　　台湾当局为了照顾和尊重林语堂，特意在风光秀丽的阳明山规划出了一片地皮，让林语堂根据自己的想法建造宅院。林语堂将东西方文化巧妙结合，经过一番精心设计，一个中式的院落和一座欧式小楼出现了。在这所精致典雅、中西合璧的宅院里，人们可以领略到这位"两脚踏东西文化，一心评宇宙文章"的学者的气度。

　　林语堂在台湾定居之后，聊天的朋友多了起来。上至达官显贵，下到黎民百姓，无所不至。林语堂有时候走出门到阳明山和农夫说话，有时候在家里接待来访的客人，有时候走进店铺和店主拉家常，无所不谈。林语堂手里总是拿着烟斗，在轻松悠闲的谈话中让思绪飘飞，仿佛回到了少年时代的福建坂仔村，仿佛看到了坂仔村的山川河溪，仿佛听到了坂仔村街坊四邻的亲切问候。在这里，林语堂感觉非常愉悦。

　　有一天，林语堂来到了大街上走进了一家五金店铺，和店主不知不觉开始了聊天，店主浓浓的福建漳州龙溪话勾起了林语堂的故乡情。在这家五金店铺里，让林语堂聆听到了真正的乡音，二人一起聊到福建漳州的鲜荔枝、芒果……后来，林语堂买了一把锤子、一圈铜丝和一些闲杂物件。林语堂回忆这件事就会说，看到故乡人，怎么能空手回去？和和气气做一笔小交易……

在《林语堂自传·我来台后二十四快事》里，他言辞间透露出了自己内心的愉悦：

一、华氏表九十五度，赤膊赤脚，关起门来，学顾千里裸体读经，不亦快哉！

二、初回祖国，赁居山上，听见隔壁妇人以不干不净的闽南语骂小孩，北方人不懂，我却懂。不亦快哉！

三、到电影院坐下，听见隔座女郎说起乡音，如回故乡。不亦快哉！

四、无意中伤及思凡的尼姑。看见一群和尚起来替尼姑打抱不平，声泪俱下。不亦快哉！

五、黄昏时候，工作完，饭罢，既吃西瓜，一人坐在阳台上独自乘凉，口衔烟斗，若吃烟，若不吃烟。看前山慢慢沉入夜色的朦胧里，下面天母灯光闪烁，清风徐来，若有所思若无所思。不亦快哉！

六、赶酒席，座上都是贵要，冷气机不灵，大家热昏昏受罪，却都彬彬有礼，不敢随便。忽闻主人呼宽衣。我问领带呢？主人说不必拘礼，如蒙大赦。不亦快哉！

七、看电视儿童合唱。见一小孩特别起劲，张口大唱，又伸手挖鼻子，逍遥自在。不亦快哉！

八、听男人歌唱，声音摄气发自腹膜，喉咙放松，自然嘹亮。不亦快哉！

九、某明星打武侠，眉宇嘴角，自有一番英雄气象，与众不同。不亦快哉！

十、看小孩吃西瓜，或水蜜桃，瓜汁桃汁入喉咙兀兀作响，口水直流胸前，想人生至乐，莫过于此，不亦快哉！

……

二十、能作文的人，少可与谈。可与谈的人，做起文章又是一副道学面孔，排八字脚说话。倘遇可与谈者，写起文章，也如与密友相逢，促膝谈心，如行云流水道来，不亦快哉！

廿一、早餐一面喝咖啡，一面看"中副"文寿的方块文字，或翻开新生报，见转载《艾子后语》，好像咖啡杯多放一块糖。不亦快哉！

廿二、台北新开往北投超速公路，履险如夷，自圆环至北投十八分钟可以到达。不亦快哉！

廿三、家中闲时不能不看电视，看电视，不得不听广告，倘能看电视而不听广告。不亦快哉！

廿四、宅中有园，园中有屋，屋中有院，院中有树，树上见天，天中有月。不亦快哉！

从林语堂的字里行间可以看到，林语堂在台湾找到了生活的快乐，找到了少年时代故乡福建坂仔村的生活气息，找到了祖国大家庭的温暖。相对于美国纽约紧张压抑的生活节奏，台湾显得悠闲自得，亲切如初。

1969年1月9日是林语堂与妻子廖翠凤的金婚纪念日。那天，文化界来了很多老朋友，包括"忘年交"马星野以及他的妻儿。

不幸的大女儿

　　林语堂一生有三个女儿，老大林如斯，老二林太乙，老三林相如。在教育子女方面，林语堂似乎与众不同。刚到美国的时候，三个女儿都在适龄教育期，林语堂就鼓励三个女儿多读书，读什么样的书不要紧，关键要"吸收字句"和"细揣字义"，从来不要求孩子们死记硬背。这一点，在林语堂给好朋友陶亢德的书信中可以看到。另外，林语堂时常带领女儿参加一些社会活动和文艺聚会，让孩子们在增长见识的同时，也加强了文艺的熏陶。

　　在林语堂这种"特殊教育"的指导之下，三个女儿在文化方面进步很快。在林如斯、林太乙具备一定写作能力的时候，林语堂就鼓励她们写日记，但不要将日记写成流水账，要写自己生活中的真情实感。除此之外，林语堂还有一个更加让一般人难以接受的教育理念："社会是个大课堂，根本不用上大学"。

　　1939 年，林语堂的三个女儿将自己平时撰写的日记进行了综合整理，随后以《Our Family》为书名在美国出版，后来这本书以《林语堂女儿的日记——吾家》翻译成中文。这是姊妹三人首次以合作形式出版书籍。

相比之下，老二林太乙继承了父亲林语堂文学创作的衣钵。长大之后，林太乙创作了被誉为"小妞儿版《战争与和平》"的英文小说《战潮》，另外还有《金盘街》《林语堂传》等文学著作，在1965年至1987年担任《读者文摘》中文版首位总编辑。林语堂的三女儿林相如喜欢理科，在美国哥伦比亚大学毕业后到哈佛大学研究院深造，获得生物化学博士学位，后来长期任香港大学生物化学系的主任。

林语堂的大女儿林如斯同样很有才华，林语堂独特的教育方式让林如斯在文化方面得到世界多种文化的给养。当初，林语堂在抗战时期回到国内时，林如斯曾经要求上战场，她觉得国难当头，自己纵然不能像男儿一样身穿戎装扛枪上战场，但也要到穿上草鞋到战地医院去救护负伤的士兵。为此，林如斯还写一本著作（此情节在第五章中"纠结的重庆"部分有所描述）。

林如斯在文学创作方面硕果累累，著名作品《赛珍珠传》《关于〈京华烟云〉》等都受到了读者的好评。

可是，这位"美丽如斯"的姑娘，最终因为在个人婚姻方面犯下的错误而无法原谅自己，让她本来魅力无限的人生留下了阴影，最终无法消除心理上的创伤，导致了恶果。

1945年，留在国内参加抗日的林如斯遇到了一位战时卫生人员训练所的英俊青年汪凯熙，随后萌生爱意。汪凯熙毕业于北京协和医学院，追求上进的他在著名爱国华侨、中国现代生理科学奠基者林可胜的鼓励下参加了抗战（当时，林可胜是北京协和医学院生理系主任）。了解情况之后，林语堂夫妇对汪凯熙也比较满意，同意女儿的人生选择。

双方家长经过商议，准备在抗战胜利之后让二人到美国结婚。

抗战胜利之后，已经二十二岁的林如斯在宋美龄的关照下顺利回到了美国，汪凯熙也如期抵达。可是，令人意想不到的是，就在与汪凯熙订婚的前一天，林如斯忽然跟一个美国同学的哥哥狄克私奔了。林语堂听到消息后犹如五雷轰顶，感觉在亲戚朋友面前非常难堪。接下来，事情的发展更加让人痛心，林如斯的"意中人"狄克竟然是个小混混，这个广告公司老板的儿子初中没毕业就遭到学校的开除。了解情况后的林语堂非常为女儿的生活担忧，心急如焚。果不其然，林如斯与狄克结婚之后生活每况愈下，以致居无定所，穷困落魄，这让具有多种文化素养的林如斯难以面对自己背离爱情初衷、抛家弃父而选择的人生道路。纯洁爱情至高无上的思想让林如斯再也无法面对活生生的悲剧现实，理想的大厦就此崩溃，思想上受到沉重的打击。

万般无奈之下，林如斯最终只得在几年之后向狄克提出了离婚。按照美国的法律，林如斯的这种状况完全可以顺理成章得到一笔可观的赡养费，但需要林如斯拿出生活的勇气，然后聘请律师为自己争取这份自己应该得到的利益。然而，对生活丧失信心的林如斯当时已经对将自己人生糟蹋得一塌糊涂的狄克厌恶至极，就想马上与这个可恶透顶的家伙一刀两断，根本不想因为离婚再和狄克在经济方面讨价还价，一心想快速离开狄克，进而在精神方面得到慰藉。

了解美国资本主义生活价值观的林语堂之前曾经在版税方面吃过亏，就劝女儿冷静想一想，拿出生活的勇气，为今后的幸福生活做出努力。可是，林如斯心灰意冷，再也拿不出面对今后生活的勇气，没有听从父亲的劝告。

为了让女儿振作起来重新面对生活，林语堂一家人到欧洲去旅游，试图通过游玩的方式让林如斯忘掉曾经的过去。然而，美丽如梦幻般的欧洲风光依然难以唤醒林如斯沉睡的心灵。几周时间后，林如斯感觉心情不错，就自己返回了美国。

在精神上受到的挫折扰乱了林如斯的思想和生活，让她患上了严重的忧郁症。无奈之下，林语堂只得将女儿送进医院治疗。可是，"心病最难医"，出院之后的林如斯情绪依然时好时坏。好的时候，林如斯依然美丽而聪慧，会按时到一家出版公司去工作，业余还翻译唐诗；不好的时候，林如斯就会跌进自己思想悲哀的小圈子难以自拔。为了照顾女儿，林语堂就让林如斯搬到自己居住的公寓大楼的隔壁，还想办法将厚厚的墙壁打通，时时监护着可怜的苦命女儿林如斯。

林语堂到台湾定居之后，林如斯就到中国台湾故宫博物院上班。开始时，林如斯担任蒋复德院长的英文秘书。后来，林如斯又担任主编出版英文《故宫展览通讯》，还翻译了《唐诗选译》。这段时间，林如斯居住在台北故宫博物院的职工宿舍里，她因为心情不好，不愿意跟随父母一起住在阳明山。精神难以自制的林如斯在工作中有时候会呈现极度恐惧的样子，完全与眼前的现实生活脱离。她也想控制自己，但困难很大。

林语堂夫妇为女儿的病情时时刻刻忧心忡忡。性情乐观的林语堂对女儿依然抱有积极的态度，认为只要采用合适的方式鼓励开导女儿，有朝一日肯定会好起来的。他劝女儿要努力培养生活的乐趣，做对身心有益处的工作，调解心理压力。

妻子廖翠凤对女儿林如斯则显得有些无奈。有一段时期，他们夫妇在美国"互惠基金"的存款化为乌有，原因是主持人拿着这些钱做违法欺骗的勾当，最终被抓进了监狱。当时，美国有很多人受到牵连，他们在互惠基金都有存款，都受了骗。

那些钱本来是林语堂夫妇预备养老用的，所以对廖翠凤刺激很大，不经意在女儿面前说了出来。林如斯听了感到很震惊。

1971 年的一天，林语堂因为身体有些不适住院，身体痊愈之后回到家里。两个月之后的一天中午，台北博物院院长蒋复德在单位宴请林语堂。期间有人向蒋复德报告，林如斯在自己房间上吊自杀了，被发现的时候，桌子上的茶水还是温热的。

巨大的打击让林语堂夫妇痛不欲生，身在香港的二女儿林太乙和丈夫黎明、三女儿林相如听到消息之后，马上赶到了台北。

在台湾的一些晚辈亲戚帮忙料理了林如斯的后事，但林语堂夫妇受到的精神打击很大，最后在两个女儿的劝说下去了香港。廖翠凤在飞机场领行李时，忽然瘫倒在二女儿林太乙怀里。当时，周围人都来照顾，有人叫来救护车。经过简单医治廖翠凤就醒了过来，居住在三女儿林相如家里。

沉重的打击让廖翠凤精神恍惚，她不再说其他地方的语言，只说故乡福建厦门方言，并且不断重复一句："我活着干什么？我活着干什么？"

林语堂在身心方面也颇受打击，到香港后有一天竟然大口吐血。经过一段时间调理之后，林语堂的精神开始恢复，他就劝妻子廖翠凤回台北去，不要在香港过多打搅女儿们的生活。

后来，林语堂为了纪念大女儿林如斯，特意写了一首悼亡诗《念如斯》：

东方西子　饮尽欧风美雨　不忘故乡情

独思归去关心桑梓

莫说痴儿　语改妆易服效力疆场三寒暑

尘缘断　惜花变作摧花人　乱红抛落飞泥絮

离人泪　抚可拭　心头字忘　不得

往事堪哀强欢笑　彩笔新题断肠句

夜茫茫何处是归宿　不如化作孤鸿飞去

台北故宫博物院为了纪念林如斯，题写了"寂寞外双溪，逝者林如斯"，以此来怀念那位美丽而单纯的姑娘。

国际笔会与诺贝尔文学奖

　　国际笔会是属于联合国教科文组织承认的国际作家组织，涉及八十多个国家，会员多达一万名。国际笔会旨在促进世界各国作家之间的合作，加强各个民族之间的文化交流。

　　国际笔会成立于 1921 年，发起人是英国女作家道森·司格特。成立之后，国际笔会很快得到全世界作家的热烈响应。1923 年春天，国际笔会在英国伦敦召开会议，聘任世界各国二十多位著名作家为名誉会员，中国著名作家梁启超在列。作为世界文化领域有影响的大国，这是中国作家首次和国际笔会建立联系。

　　1930 年 5 月 12 日，在蔡元培、胡适、林语堂等人的倡导下，国际笔会中国分会在上海华安大厦召开了筹备会议。会上，胡适说明了国际笔会中国分会的发起过程，随后与会者商议通过国际笔会中国分会章程。第二天，《申报》报道了这个消息。半年之后，国际笔会中国分会在上海正式成立。

　　从文字记录上显示，林语堂是国际笔会中国分会的发起人之一，为中国作家与国际笔会的联系做出了贡献。1935 年，英国著名作家威尔斯接任国际笔会会长职务，随后向中国分会发出函件，询问中国分会活动事宜，中国分会才于当年 3 月 22 日召开会员大会。当时，国际笔会中国分会的活动已经停止了很长时间。

在 3 月 22 日的会员大会上，会员们对中国分会理事会进行了改选，新的理事会由十一人组成，其中包括林语堂。

1933 年 2 月 17 日，国际笔会中国分会组织迎接英国著名作家、世界著名幽默大师萧伯纳来上海，林语堂作为中国分会的骨干参加了这一活动。1939 年 5 月 9 日，国际笔会在美国召开第十七届大会，林语堂代表中国分会发表演讲，谴责德国法西斯的残暴行径，呼吁维护世界和平，维护人类的自由。接下来的很长一段时期，由于中国的抗日战争和国内战争的影响，国际笔会中国分会一度停止活动。

20 世纪 40 年代左右，在美国的林语堂出版了《京华烟云》等一系列畅销海外的作品，硕果累累。1940 年，1938 年诺贝尔文学奖得主、美国作家赛珍珠与世界著名探险家斯文·赫定同时提名林语堂为当年诺贝尔文学奖候选人。当时，瑞典著名汉学家高本汉曾经高度评价林语堂的《吾国与吾民》和《京华烟云》，说这两部书"描绘出中国人的生活与精神，非常宝贵"，诺贝尔文学奖评奖小组也非常欣赏林语堂的这两部作品。可惜的是，当时的欧洲正笼罩在第二次世界大战的硝烟之中，根本无暇顾及评奖事宜。1940 年至 1943 年，瑞典学院没有颁发诺贝尔文学奖，让中国作家首次荣获诺贝尔文学奖的机会化为乌有。

1950 年，尽管赛珍珠与林语堂二人关系已经出现裂痕，但大度的赛珍珠再次推举林语堂为当年诺贝尔文学奖候选人。可是，瑞典诺贝尔评奖委员会经过审核后认为，林语堂的文学作品都是用英文撰写的，不能代表中国文化。这个理由似乎很有道理，其实不然，原因是印度诗人泰戈尔 1913 年荣获诺贝尔文学奖，是因为泰戈尔的一部英文创作的诗集。当时，诺贝尔文学奖评审委员会并没有因为泰戈尔没有使用本国印度语创作而拒绝他。然而，现实很残酷，世界有时候的确让人难以理解。

前后两次与诺贝尔文学奖擦肩而过，并没有减慢林语堂在文学道路上前进的步伐，更没有降低林语堂在国际文坛上的影响力。1957 年，国际笔会在日本东京召开总结大会，在中国台湾著名作家陈西滢提议下，中国台湾建立国际笔会组织，推举张道藩为分会会长。后来，有有一届大会的主要议题是"幽默文学"，但很多发言者偏于学术性，使得大会气氛比较沉闷，失去了幽默轻松的格调。当时，中国"幽默大师"林语堂列席了会议，而他的发言《论东西文化的幽默》才将这次大会的议题推向了高潮。现在，我们摘录其中一部分供大家欣赏：

各位女士和各位先生，我得以《论东西文化的幽默》这个题目向本届会议所特出的主题发表演说，深感欣幸。记得伯格森说过："幽默可使紧张的情绪疏散，神经松弛。"我希望我们在讨论这一主题之后，大家不至于再犯上过分紧张的错误。

幽默是人类心灵开放的花朵

一般认为哭是一切动物所共有的本能，笑却只是猿猴的特性；这种特性只有我们和我们的祖先人猿才有。我不妨补充一句，思想是人的本能，但对一个人的错误，以微微一笑置之却是神了。

我不否认海豚很会嬉戏作乐，至于象和马会不会笑，我却不知道了。即使他们会的话，似乎也不能很明显的表现出来。我认为幽默的发展是和心灵的发展并进的，因此幽默是人类心灵舒展的花朵，它是心灵的放纵或者是放纵的心灵。唯有放纵的心灵，才能客观地静观万事万物而不为环境所围。

维多利亚女王的遗言

这可以算是文明的一项特殊赐予，每当文明发展到了相当的程度，人便可以看到他自己的错误和他的同人的错误，于是便出现了幽默。每当人的智力能够察觉统治人们的愚行，政客们的伪善面孔与陈腔滥调，以及人类的弱点与缺失，徒劳无益的努力与矫揉造作的情态，我们自己的梦想与现实之脱节，幽默便必然表现于文学。

故幽默也是人类领悟力的一项特殊赐予。我特别欣赏维多利亚女王临终前的最后遗言。当她知道她的死期已到，这位大英帝国统治者的最后一句话是："我已尽力而为了。"她知道她不是完人，只不过是已尽了她一生最大的努力。我喜欢那种谦虚，那种健全的热情的和具有人情味的智慧。这就是最好的一种幽默。

搔痒是人生一大乐趣

有时我们把幽默和机智混为一谈，或者甚至把它混淆为对别人的嘲笑和轻蔑。实际发自这种恶意的态度，应称之谓嘲谑或讥讽。嘲谑与讥讽是伤害人的，它像严冬刮面的冷风。幽默则如从天而降的温润细雨，将我们孕育在一种人与人之间友情的愉快与安适的气氛中，它犹如潺潺溪流或者照映在碧绿如茵的草地上的阳光。嘲谑与讥讽损伤感情，辄使对方感到尴尬不快而使旁观者觉得可笑，幽默是轻轻地挑逗人的情绪，像搔痒一样。搔痒是人生一大乐趣，搔痒会感觉到说不出的舒服，有时真是爽快极了，爽快得使你不自觉的搔个不休。那犹如最好的幽默之特性。它像是星星火花般的闪耀，然而却又遍处弥漫着舒爽的气息，使你无法将你的指头按在某一行文字上指出那是它的所在，你只觉得舒爽，但却不知道舒爽在哪里以及为什么舒服，而只希望作者一直继续下去。

朋友之间会心的微笑

因此，我们必须把幽默的真谛与各种作用混淆不清的语意加以区分，正如我们要将哄笑与冷笑，捧腹大笑和淡淡的微笑，或者嗤嗤地讥笑加以区分一样。我喜欢一个作家含有淡淡带哀悯的微笑，那会给我们一点甜蜜的忧郁，就像葛瑞那首《墓园的哀歌》。绝妙的一种微笑是两个朋友相对"会心的微笑"，即一般所谓"相视莫逆""心照不宣"的浅笑。当爱默生和卡莱尔初次见面时，他们未发一语，而只是像"心心相印"般的发出微笑。这便是中国人所最欣赏的"会心的微笑"。

……

林语堂在发言中还列举了世界上各国很多幽默的例子，比如苏格拉底的泼辣妻子、美国总统林肯的太太和一些中国传统幽默等，让与会者开怀大笑，让世界各国的作家领略了中国"幽默大师"的风采，也让与会者了解了中国传统文化幽默的一面。世界笔会会员代表从林语堂的发言中体会到中国作家对于幽默文学的看法，也从中体会到中国作家乃至中国人的生活同样充满了幽默的氛围。

在法国蒙顿举行的世界笔会第三十六届大会上，作为代表的林语堂准备上台发言。按照大会规定，每位代表的讲话时间只有五分钟。林语堂感觉时间太短，就找到大会主席交涉，希望能延长一些。令他没有想到的是，大会主席立刻拒绝了林语堂的请求，还说林博士也不是什么著名人物，不可以随便破坏规定。性格直爽的林语堂心火怒发，马上表示，如果不延长时间就拒绝讲话。此刻，和林语堂一起到会的马星野非常焦急，他担心因此影响中国作家在世界笔会的形象，就找大会主席商议，最终将讲话时间延长到了十分钟。马星野还找到秘书长，秘书长说人是活的，时间也不是死的。马星野再找到林语堂，林语堂答应登台演讲。

林语堂登台之后，演讲起来兴致勃勃，妙语连珠，非常投入，台下的会员们都在聚精会神地聆听，不断被林语堂的言辞逗得开怀大笑，效果非常好。不知不觉十分钟时间已到。大会主席提醒林语堂注意时间，林语堂就此收拾东西走出了会场。此时，与会的会员们正在被林语堂的讲话所吸引，就不停地鼓掌请求林语堂再次登台，大会主席感觉惹了众怒，只好再次邀请林语堂登台演讲，可林语堂说什么也不肯回去。就这样，这次富有传奇性的演讲就此化作了历史。

1968年6月18日，国际大学校长协会在韩国汉城召开第二届大会，五十多个国家的二百多位校长和很多文化界人士列席了会议，林语堂也在其中。会上，林语堂做了题为《趋向于全人类的共同遗产》的发言，从东西方文化差异的角度分析了东西方文化的优缺点。

林语堂认为，东方人分析问题首先着重于问题的全面性，而西方人则着眼于问题的逻辑思维能力。在抽象思维和形象思维方面，西方着重于前者，而东方人的着眼点在后者。在分析问题时，东方人往往将感觉作为首要考虑的条件，而西方人则将事情发展的前因作为首要分析的条件。比如在医院诊断病情的问题上，以中医为代表的东方医学往往根据"望闻问切"来诊断病情，并且自有道理；而西方医学则需要从病情发生的原因（根据各种仪器）来对病情做出诊断。

林语堂在报告中提到东方文化对西方人的影响，还描绘了东西方文化交融的远景。需要指出的是，林语堂对人类未来的预言，明显与马克思主义的社会主义思想有分歧。毕竟，林语堂从美国回来之后一直在台湾生活，思想上和大陆有一定的差异。

1969 年，罗家伦卸任国际笔会中国台湾分会会长之后，林语堂被推选为继任。1975 年 9 月，在维也纳召开的第四十界国际笔会大会上，林语堂被推选为副会长，这是在亚洲作家中获此殊荣的第三人（第一位是印度的光诗南、第二位是日本的川端康成）。在这次大会上，会员们一致通过以国际笔会的名义推举林语堂为当年诺贝尔文学奖候选人，但是，那年的诺贝尔文学奖最终花落意大利诗人蒙塔莱头上。

英雄暮年 壮心不已

定居台湾之后，林语堂制定了一项惊人的计划，即编辑汉英词典。在汉语、英语两种语言都取得卓越成就的林语堂早就有这个心愿。在20世纪30年代，林语堂曾经编写中文词典，但后来的日本入侵让那部词典的文稿毁于战火中。如今，林语堂再次拿起笔来编写汉英词典，颇有一种返老还童的感觉，马上就投入到紧张有序的编写工作中。在《林语堂自传·我编当代汉英词典》里这样描述自己当时的心情：

编一部中文词典，以仿牛津简明字典，是我数十载的凤愿。民国三十三年，书成，共六十余册，由家兄憾庐及海戈先生编成。抗战初发，毁于兵火，仅余带走美国之十三册。三十年来常怀此志，民国五十五年，退隐台北，七载辛勤，始偿素愿，受举大旨如下。

国语必有详确纪载国语的词书，这个观念与字书完全不同。中国字书，一概以字为本位，不以语文中之词为本位。所以到现在，还没有由现代语言学观点编成的一本中国语文词典的专书。西方的英文、法文字典，都是以那些的国语为本体，凡国语中的词的用法及文法词类，及其变化，都记载详尽。我国的词书，如《辞源》《辞海》，虽然以词为单位，内容却偏于百科全书性质，未能就词论词，研究其在句中之文法地位及变化，也不能于单音组及数音组缀合所成之词，加以整理及分析。中国语言中平常的词，如："如果""倘使""一下子"就不屑列入。朱骏声的《说文通训定声》独具只眼，能辨明词意之孳乳，遂能于六书之"转注"加以新解释，以"长成"之"长"与"家长"之"长"，"命令"之"令"与"县令"之"令"（段氏"假借"之例）认为转注。因为他通达音声之理，所以能注重语言中之音声，通其语音之转变，而超出说文研究字形的范围。

中国向来无国语，因国语尚未统一。经五十年来国语统一会诸公（如吴稚晖、黎锦熙等）的高瞻远瞩，不断的讨论，始定北平话为国语。1932年《国音常用字汇》，1947年《中华新韵》颁布出版，而后读音始有统一的标准。又跟着1918年颁布的注音字母各处推行，始有今日普遍承认之国语与读音。又自从文学革命以来，以白话为文学工具，教育部乃成立中国大辞典编纂处，经三十年之搜集材料始由汪怡主编《国语辞典》，在抗战期间由1937年出版第一册，至1945年出版第四册，而后我们可以说中国国语有一部详尽准确的词书。对于已往的白话文学（诗、词、曲及明清小说）及现代北平国音所有的材料都已有系统的纪录。这是开山的工作，前人筚路蓝缕之功，我们后学乃受其赐。所以我才敢梦想做一本更合时代的汉英词典。

在上面的文字中，林语堂说明编著《当代汉英词典》的重要性和迫切性。在编写过程中，林语堂采用自己之前为了发明"明快打字机"创造的"上下形检字法"来编排。为了编著这本词典，林语堂不辞辛苦，日夜操劳，几乎到了废寝忘食的地步。有一天，已经年迈的林语堂早晨起床后几乎连字都看不清了。妻子廖翠凤感觉到丈夫的病态，马上送林语堂到医院检查。医生诊断后，说林语堂属于"中风初期"，所幸及时到医院诊治，不然后果就严重了。医生建议让林语休养一段时间。

出院两个月之后，《当代汉英词典》的编排工作终于结束。看着堆放在书架上的等候香港中文大学带到香港排印的词典书稿，林语堂心里乐开了花。不巧的是，这段时间大女儿的自杀，给了林语堂身心沉重的打击。

1972年10月，林语堂编著的《当代汉英词典》由香港中文大学出版，印刷和发行的费用由恒生银行借支。香港中文大学校长李卓敏为这部词典作序，并在序中给予这部词典很高的评价。

1974年，八十岁的林语堂写作已经显得有些吃力，但他依然笔耕不辍，用英语写了一本《八十自叙》，采用老年人追忆的方式描述了自己的人生历程。在书中，林语堂从一个普通人的角度非常准确地向读者讲述自己的生活点滴和思想变化，没有丝毫夸耀。

此时的林语堂已经年迈，但他喜欢台湾阳明山的美丽风景，喜欢自己一手设计的中西合璧式的宅院。可是，妻子廖翠凤很喜欢和在香港工作的女儿住在一起。这样一来，夫妻二人时常往返于台北和香港之间。到了后来，两位老人在香港居住的时间就渐渐多了起来，因为他们生活已经不方便了，需要女儿的照顾。

1976年3月22日，林语堂忽然出现吐血症状。三女儿林相如叫救护车将父亲送到香港玛丽医院，随后给二姐林太乙打了电话。

3月23日，医生为了诊断林语堂的胃出血病情，就采取将探针从气管插入胃部的办法。感觉很不舒服的林语堂大发脾气，好在两个女儿不断劝慰。

26 日，林语堂转为肺炎，心脏病突发，被送入重症监护室。在戴上氧气罩之前，神志清楚的林语堂看到了匆匆赶来的二女儿林太乙，就亲切地呼唤了女儿一声，这成为林语堂留在人间的最后声音。

1976 年 3 月 26 日晚上十时十分，林语堂辞世。

在林语堂的安葬问题上，林语堂的家人都选择台湾的阳明山，因为林语堂生前非常喜欢那里的风景和自己设计的院落。然而，按照台湾惯例，风景优美的阳明山不可以作为墓地。这时候，林语堂的"忘年交"马星野站了出来，他找到台湾当局交涉洽谈，台湾当局破例答应了林语堂家人的请求。

林语堂最终安眠在台湾美丽的阳明山。

附

林语堂生活点滴

与众不同的教师

1927 年，林语堂经过一段短暂的"从政"之后，从内心厌烦了官场的尔虞我诈，回到上海准备开始新生活。刚到上海时，林语堂没有找到合适的工作，为了维持生计，他就到东吴大学法学院担任英语教师。

第一次上课，林语堂在上课钟声响过之后才慢悠悠走进教室。他手里的一个包裹很快吸引了同学们的目光，大家议论纷纷，都在猜测新英语老师包裹里面装的是什么。

已经读了很多年书的林语堂非常了解学生们的想法。他轻轻地拍了两下讲课桌，然后慢慢打开那个大纸包。同学们都瞪大眼睛看着，随后都有些吃惊——纸包里是花生。

林语堂笑了，随后剥开一个花生放进嘴里，用英语向学生们讲述吃花生的经验。同学们越听越糊涂，不知道这位新来的英语老师葫芦里究竟卖的什么药。不过，林语堂流利的英语谈吐和标准的发音让学生们非常钦佩，同学们都在认真聆听。接下来，林语堂拿着花生走近学生，请同学们品尝花生。学生们看到老师递过来的花生，都有些不好意思，就随手拿一两个。在与同学们的交谈之中，他基本记清楚了同学们的姓名。

林语堂最后向同学们宣布，希望吃了长生果，不要逃课逃学，今后上课也不会点名，希望同学们能够遵守诺言。学生们马上被这位谈吐幽默的新英语老师吸引了，师生之间拉近了距离。

后来，林语堂上英语课果然不点名。

林语堂这么做和当时的中国大学教育有直接关系。当时，大学生经常逃课，让教师非常头疼。无奈之下，教师就利用点名来保证上课率，这种做法往往会招致学生们的反感。然而，学生们也在想办法对付老师。从国外留学归来的林语堂非常羡慕国外自由自在的大学生活，就想出了这种方式。

林语堂上课的方式也比较自由，从讲台到学生中间，他都在自由自在地走着上课，有时候坐在椅子上或者桌子上。林语堂这种独特的上课方式很快吸引了学生，再加上他幽默风趣的谈吐和标准流利的英语口音，学生对他的课都趋之若鹜。学生不仅不逃课，还有很多外校的学生也慕名而来，没有凳子就站在走廊里，一样听得津津有味。

林语堂上课基本不用教科书，他将平时同学们喜欢看的时政要闻从报刊杂志上剪下来，然后编成学习材料引导学生学习。另外，林语堂将自己学习英语的经验交给学生们，通过分类的方式让学生了解英语词汇，然后引导学生举一反三。

到了学期末尾的时候，更让学生们吃惊的一幕出现了。林语堂竟然不使用笔试，而是通过"相面"来考试。当时，每到期末，其他班级的学生都在玩命一般复习，准备迎接期末考试。林语堂非常讨厌这种检测学生成绩的办法，他决定采用特殊的考试方法。

到了期末，林语堂的学生根本用不着"开夜车"备考。到了最后几节课，林语堂就坐在讲台上，然后拿起学生的花名册开始点名。点到哪个学生，那个学生就走上讲台，林语堂上下打量这名学生一番，随后给一个成绩。有时候遇到生疏一点的学生，林语堂就让他们读一段英语，然后给出成绩。

学生们开始都不服气，可看看自己的分数，都感觉非常恰如其分，后来才慢慢习惯了。

其实，林语堂利用"相面"给学生成绩也不是没有科学道理的，因为他的"相面"主要根据学生平时的上课表现，根据学生们在课堂上的学习表现来判定其成绩。这样，完全可以避免笔试出现偶然的"失误"或者考试之前"临阵磨枪"、突击复习的虚假成绩。

可惜，林语堂只在东吴大学担任了一年的教师，后来就在蔡元培的介绍下到上海中央研究院做英文翻译工作了。假如让林语堂一直在东吴大学任教的话，说不定能给民国时期的大学教育带来一次"教育革命"。

但，这也只能是假设。毕竟，历史是无法改变的。

本性善良

　　林语堂在上海生活的时候，曾经一度在版税方面收入不错，所以家里雇了好几个仆人，其中一个叫阿芳的小伙子给林语堂留下了深刻的印象，让林语堂特意在《林语堂自传·我家的童仆阿芳》给这个小伙子留下了浓浓的一笔：

　　我家里有个童仆，我们姑且叫他阿芳，因为阿芳，不是他的名字。他是一位绝顶聪明的小孩子。由某兑换铺雇来时，阿芳年仅十五，最多十六岁。现在大约十八岁了，喉管已经增长，说话听来已略如小雄鸡喔喔啼的声调了。但是骨子里还是一身小孩脾气，加上他的绝顶聪明，骂既不听，逐又不忍，闹得我们一家的规矩都没有，主人的身份也不易支撑了。阿芳的聪明乖巧，确乎超人一等，能为人所不能，有许多事的确非他不可，但是做起事来，又像诗人赋诗，全凭雅兴。论其混乱，仓皇，健忘，颠倒，世上罕有其匹。大约一星期间，阿芳打破的杯盘，总够其余仆人打破半年的全额。然而他心地又是万分光明，你责备他，他只低头思过。而且在厨房里，他也是可以称雄称帝，不觉中几位长辈的仆人，也都屈服他的天才。也许是因为大家感觉他天分之高，远在一班仆人之上。你只消听他半夜在电话上骂误打电话的口气，便知道他生成是一副少爷的身份。

从林语堂对自己家童仆阿芳的介绍里，可以感觉这个小伙子的为人，聪明但没有规矩，还时常给主人惹祸。这样的仆人要在别的人家，恐怕三天不到就会被主人家赶出家门，因为当时吃不起饭的人有的是。然而，林语堂一家人没有这么做，其中很大原因出于林语堂的善良。

阿芳已经十五六岁了，应该是懂事的时候了，本身又比较聪明，可他却把自己的聪明用在不该用的地方。林语堂让阿芳去买火柴，他竟然花费两个小时时间，不买火柴而买了一只布鞋和小孩子玩的蚱蜢回到了家里；每到准备早餐的时段，阿芳都会打碎很多的碗碟；让阿芳打扫卫生，他把扫帚、簸箕丢在一旁，自己跑到花园里和孩子们一起捉蚱蜢玩……

这样的仆人，一般家庭的主人是难以忍受的。可是，廖翠凤教训阿芳时，林语堂就会站出来替阿芳说话，说阿芳还小，有天才。

在"天才"方面，阿芳的确和一般的仆人不一样。当初，林语堂到欧洲开国际会议顺路到英国买回一台并不完整的打字机，非常中意，不许别人随便碰一下。可是，阿芳却瞅机会偷偷去玩弄林语堂的打字机。有一次，打字机出了毛病，林语堂花费很长时间也没有修好。阿芳居然一个人偷偷替林语堂修好了，让林语堂喜出望外的同时，还对阿芳刮目相看。

另外，阿芳还学会了修理电铃、抽水马桶，保险丝断了也会去接……之前，遇到这类的活计，一般都是让正趴在书案上写文章的林语堂亲自出马。如今，阿芳一人就可以解决，让林语堂颇感欣慰。

让林语堂一家人更感到吃惊的是，阿芳居然学会使用各种语言在电话上骂人。难学难懂让世界上很多语言学家都头疼的闽南语、英语、上海话……阿芳随口就来，让身为语言学家的林语堂非常震惊，大有伯乐发现千里马之感。为此，林语堂曾经出学费让阿芳去英文夜校学习，这对贫苦人家出身的阿芳绝对是千载难逢的人生转机，但阿芳不愿意守规矩，最终没有学习几天就不了了之。

随着时间的推移，阿芳的年龄在不断增大，他的"本领"也越来越显得"非凡"。林语堂家里后来又聘请了一个刚刚二十出头的洗衣女子，阿芳竟然放下手中的杂活走近那位女子开玩笑调情。林语堂的皮鞋，阿芳都是马马虎虎擦一下就放在一旁，随后就去找洗衣女了。这让林语堂非常生气，不断召开家庭会议整顿纪律。然而，令林语堂吃惊的是，接下来竟然是那位洗衣女替阿芳擦皮鞋和干其他杂活。后来，林语堂夫妇很快发现，阿芳和那位洗衣女已经勾搭成奸。这让廖翠凤怒火中烧，下定决心要把阿芳赶走。然而，当阿芳低着头老老实实站在林语堂面前承认错误时，林语堂马上心软了。

后来，阿芳在林语堂菩萨心肠的纵容下胆子越来越大，他不仅和洗衣女勾勾搭搭，还偷偷将林语堂家里值钱的东西拿出去卖，以至于发展到外出行窃，最终被关进了监牢。得到消息的廖翠凤看看林语堂，林语堂叹口气后沉默无语。

林语堂的善良导致家里仆人的无法无天。有一次，林语堂一家人到无锡去游玩，因故提前回家的他们竟然看到自己家厨子和打扫卫生的老妈子在主卧室睡觉。廖翠凤为此大动肝火，将主卧室里里外外消毒。那位打扫卫生的老妈子自感羞愧难当，主动辞职。心火难平的廖翠凤坚持将可恶的厨子一并赶走，还不许林语堂的菩萨心肠再次"和稀泥"。

此时，林语堂却说那位厨子做八宝鸭非常有一套，可口好吃。在林语堂的坚持下不仅留住了厨子，还让厨子的老婆从乡下赶了过来，负责林语堂家里打扫卫生的工作。

林语堂感觉，这下那位厨子肯定会踏踏实实做自己的工作，可令他没想到的是，那个厨子竟然喜欢赌钱，输光了自己的钱不算，还要拿老婆薪水。老婆无奈就哭哭啼啼，厨子就开始打骂。两口子将林语堂家里当作了"战场"……

林语堂的女儿林太乙对父亲评价说，父亲眼里从来没有坏人，对任何人都充满了信赖，这也导致了作品《京华烟云》的最大缺点：整部作品八十个人物里，竟然没有一个坏蛋，全都是好人。

美食家

林语堂在饮食方面比较喜好，也比较讲究，这方面他曾经说过一些有名的话："人世间如果有任何事值得我们慎重其事的，不是宗教，也不是学问，而是吃。""我们是地球上唯一无所不吃的动物。只要我们的牙齿还没有掉光，我们就会继续保持这个地位。"

这些话恰如其分地说出了林语堂对饮食的重视。假如林语堂生活在当今社会，肯定会被评为著名的美食家。

林语堂一生走遍世界各地，从福建到北京，再到上海、重庆、西安，从欧洲到美洲，不论到哪里，林语堂事前总会关注这个地方的名吃。从上层人物经常吃的高级酒店，到路边老百姓吃的小吃，林语堂都会品尝一下，从中体会饮食文化的美妙和复杂多样。

不过，林语堂感觉世界上最好吃的东西，还是家乡的饭菜。这一点，需要归功于林语堂的妻子廖翠凤。厦门廖家人都是实干家，不仅在实业经济方面打造了令一般老百姓咂舌的事业，厨房饮食方面也同样在周围乡邻里独领风骚，尤其是廖家人做的肉松，非常有品位，成为廖家的招牌菜。廖翠凤继承了廖家人在饮食方面的特长，让林语堂一生都在体会丰富多彩的闽南特色美食，让家乡菜成为在海外漂泊中一丝悠悠的乡愁。

根据林语堂的二女儿林太乙的回忆，有一次她跟着母亲到街上去，心里想着与中央研究院院长商议《读者文摘》的一些事。母亲廖翠凤在旁边说要买一些肉松带回香港，还不停地询问林太乙购买肉松的有关事宜：肉松还是肉酥？小肉干还是鱼松？牛肉干还是牛肉粒？买多少……林太乙内心忍不住暗暗发笑。由此可见，廖翠凤对于肉松里面的学问是非同一般的了解。

林语堂一家人在上海的时候，厦门廖家的亲戚有时候到上海来给林语堂家带来一些土特产食品，基本都是廖家人自己做的：萝卜糕、龙眼干、糖腌杨梅，其中最主要的是廖家肉松。当时，从厦门到上海需要乘坐轮船，走三天的水路才可以到达。廖家人都是用一个特质的铁皮盒子盛装肉松的。廖翠凤每次拿到手里都倍加珍惜，偶尔才肯拿出来让林语堂和孩子们尝一口，感受一下家乡闽南风味的美食。

除了肉松，廖翠凤在厨艺方面的建树颇多，比如清蒸白菜肥鸭就是其拿手好菜。廖翠凤的清蒸白菜肥鸭，鸭肉嫩滑，颜色鲜艳透亮，白菜被肥鸭油浸煮得非常脆烂，让人看见就感觉非常好吃。另外，林语堂还非常爱吃廖翠凤做的焖鸡。廖翠凤做焖鸡，首先用葱蒜姜爆炒鸡块，随后再加入香菇、金针、木耳、酱油和酒糟，用温火炖几个小时，然后香味就开始弥漫开来。林语堂非常喜欢吃妻子做的焖鸡，引得朋友也赶来品尝，纷纷称赞廖翠凤的焖鸡。

林语堂一家人在异国他乡的时间比较多，吃家乡的饭菜最能体会思乡的情感。相比之下，三女儿林相如继承了廖翠凤在厨艺方面的成就，得到了母亲的真传。到了比较盛大的节日，林相如就帮助母亲做闽南名吃闽南薄饼。薄饼做工比较复杂，需要使用细软的面粉做。首先，把饼烙好放在一旁，随后将猪肉、豆干、虾仁、荷兰豆、冬笋以及香菇等配料切碎放在锅里爆炒一下，再放进汤锅里熬几个小时。林太乙在《林语堂传》中这样描述她们一家人吃闽南薄饼的情景：

吃的时候，桌上用小碟子放着扁鱼酥、辣椒酱、甜酱、虎苔、芫荽、花生末，还有切好的整齐水灵的葱段。包薄饼更有学问，先把配料涂在薄饼皮上，然后一调羹一调羹地把热腾腾的料子包进去，得紧实不能破。一口咬下去，扁鱼的酥脆、虎苔的干香、芫荽的清凉，各种味道混合在一起，实在是天底下最好的美味。林语堂嘴馋，每次包很多料在里面，还没吃皮就破了，汁液顺着手臂流下来，弄得浑身都是，女儿们没空笑话他，手疾眼快地包好薄饼往嘴里送。

从字里行间就能领略到闽南薄饼的香味。

林相如给母亲在厨房里打下手，逐渐就和母亲合作炒菜做饭了。后来母女二人合作，撰写了《中国烹饪秘诀》《中国食谱》等有关中国饮食文化方面的书籍，为此还曾经获得了法兰克福烹饪学会的奖励，足见廖家在中国饮食方面的造诣和成就，的确能够在一定程度上代表中国的饮食。

中国著名画家张大千后来在巴西居住，有一次他去欧洲从纽约路过，特意拿着一条鲤鱼来拜访林语堂。廖翠凤和女儿林相如合作做菜招待这位名冠四海的艺术家。廖翠凤先把鲤鱼红烧了，林相如又做了一道煸烧青椒，从来不喝酒的林语堂拿出两瓶台湾花雕酒。就这样，两位身在异国他乡的文化大师吃着中国饭菜开始聊天，追忆在祖国的岁月片段，回味祖国的名胜古迹，浓浓的思乡情慢慢萦绕在心间，眼前似乎看到了熟悉的村落和乡邻……

　　张大千从欧洲回来后，又在纽约著名的中国菜馆四海楼宴请林语堂。张大千点招牌菜鲟鳇大翅、川腰花、酒蒸鸭……两位文化大师坐到一起，"浊酒一杯家万里""洛阳才子他乡老"……

钓鱼文化

　　林语堂喜欢钓鱼，在他的回忆录里不乏看到钓鱼的情节。在上海，在异国他乡，都有他垂钓的身影。当初，林语堂在上海圣约翰大学求学和后来到上海生活居住时，都曾到江边去钓鱼。

　　在圣约翰大学上学时，林语堂会在学习闲暇之余到苏州河边垂钓，一副悠然自得的神情，而学习成绩依然名列前茅，引得同学羡慕。后来学业有成，历经北京大学任教和短暂"从政"之后，林语堂来到上海生活，找机会到江边垂钓。

　　钓鱼，成为林语堂的人生乐趣。

　　后来，林语堂到了海外生活，宽松自由的生活让他钓鱼的兴致越发浓厚。在《林语堂自传·海外钓鱼》里，他这样写：

　　夏天来了，又使我想到在海外的钓鱼之乐。我每年夏天旅行，总先打听某地有某种钓鱼之便，早为安排。因此瑞士、奥、法诸国足迹所至，都有垂钓的回忆。维也纳的多瑙河畔，巴黎的色印外郊，湖山景色都随着垂纶吊影，收入眼帘，人生何事不钓鱼，在我是一种不可思议之谜。

　　从林语堂回忆的文字里，能够领略到他对钓鱼的喜爱。无论到什么地方，林语堂都会寻找机会去钓鱼。

　　最令林语堂难以忘怀的是在阿根廷巴利洛遮湖钓鱼，那里的鳟鱼体型庞大，是世界上有名的垂钓好地方。在湖的中心位置有一家酒店，典雅的建筑坐落在湖光山色里，宛如出水芙蓉一般，非常美丽。在酒店租一条船，下到湖水中去钓鱼，颇有一种诗情画意的感觉。令人惊奇的是，在这里钓鳟鱼不用鱼饵，而是采用船拖钓的方法。首先让船前行，鱼竿钓丝拖在船尾几十米之外。鱼钩是汤匙形状的，随着波浪不断旋转，以此吸引鳟鱼的注意。

　　在阿根廷，林语堂还到避暑圣地"银海"去钓鱼。那里鱼类繁多，加之是避暑胜地，所以钓鱼的人也非常多。林语堂在《林语堂自传·海外钓鱼》里这样描述当时的情景：

　　……我单一人，雇一条汽船，长二丈余，舟子问我怕浪不怕浪，我说不怕。就在烟雨蒙蒙之时出发，船中仅我跟舟子二人。海面也没有大波浪，但是舟子警告我，回来逆浪，不是玩的。到目的地停泊以后，我们两人开始垂钓。也不用钓竿，只是手拉一捆线而已，果然天从人愿，钩未到底，绳上扯动异常，一拉上来，就是一线三根钩上，有鱼上钩，或一条，或三条。这样随放随拉，大有应接不暇之势，连抽烟的工夫都没有。不到半小时，舱板上尽是锦麟泼刺，已有一百五十条以上的鱼，大半都是青鬣。我说回去吧。舟子扔一套雨衣雨帽，叫我蹲在船板底。由是马达开足，真是风急浪高，全船无一隐藏之地。这是我有生以来钓鱼最满意的一次。到岸上捡得二篓有余，尽送堤上的海鲜饭店。这是一家有名的海鲜饭店，名为 Spadav Becchia，打电话叫我太太来共尝海味……

　　林语堂在美国纽约生活的时间较长，也在闲暇之余到海边拿一个铁筒去摸蛤蜊，或者用长竿蟹网捉螃蟹。夏天的时候，林语堂就乘船到海里去钓鱼，地点在纽约的羊头坞。钓鱼的人不管是不是在行，都有专业的渔船做指导，并且鱼竿、鱼饵由渔船事前准备好。渔船的人都是钓鱼的行家，会告诉钓鱼者这段时间内能够钓到什么鱼。最为惊险的是蓝鱼，钓到的时候都是极力挣扎，非常惊险。有一次，林语堂带着自己的三女儿林相如去钓鱼，钓到两条三尺多长的蓝鱼，一直到凌晨四点才回到家里，廖翠凤看到后大为惊奇。

　　或许，作为文化大师的林语堂，在钓鱼的生活中也感受到了钓鱼文化的乐趣：惊险，刺激，悠闲而紧张，收获的时候同样颇有成就感。